Ingrid Biermann

Mit Klara und den Mäusen Musik und Klang entdecken

Ingrid Biermann

Mit Klara und den Mäusen Musik und Klang entdecken

Spielimpulse und Angebote für Kinder unter Drei

HERDER

FREIBURG · BASEL · WIEN

© Verlag Herder GmbH, Freiburg im Breisgau 2011
Alle Rechte vorbehalten
www.herder.de

Umschlaggestaltung und -konzeption: Schwarzwaldmädel,
Simonswald
Umschlag- und Textillustrationen: Katja Jäger, Haschbach
Layout, Satz und Gestaltung: Arnold & Domnick, Leipzig
Druck und Bindung: fgb – freiburger graphische betriebe
www.fgb.de

Gedruckt auf umweltfreundlichem,
chlorfrei gebleichtem Papier

Printed in Germany
ISBN 978-3-451-32433-8

Inhalt

Vorwort

Die Kinder unter drei Jahren haben schon lange ihren Platz in der Kita gefunden, durch ihre Offenheit, ihr Interesse, ihre Wachsamkeit, ihre Mitmachfreude, durch ihren ganz persönlichen Charme. Die Kleinsten verändern auf ihre eigene Art den pädagogischen Alltag der Erzieherinnen und auch das Geschehen für die anderen Kinder. Jeder, der mit ihnen in Kontakt tritt, verändert ganz von allein Mimik und Gestik, die Stimme wird sanfter, weicher, ja fast singend. Automatisch werden Handlungen, Ereignisse oder Entdecktes säuselnd, flüsternd oder summend begleitet. Der Wind wird zum rhythmischen „sss", der Hund zu einem starken „Wau-wau". Die Aussage wird durch laute und leise, hohe und tiefe Töne unterstrichen. Das Wort, der Satz, das Gespräch – Vieles bekommt, ganz von allein, eine eigene, persönliche Melodie. Silben werden gedehnt oder gekürzt, häufig wiederholt, weich, hart, schmeichelnd oder bestimmend gesprochen. All das geschieht während der Alltagssituationen mit den Kleinstkindern, im kleinen Kreis, beim Wickeln, beim Frühstücken und beim Spazierengehen. So wird aus einer reinen Zweckkommunikation ein rhythmisches und musikalisches Ereignis. Schnell ist die Aufmerksamkeit des Kindes geweckt und der Kontakt hergestellt. Die Freude an dieser „musikalischen Kommunikation" wächst ununterbrochen.

Jedes Kind spürt, dass Musik in ihm steckt. Es erfährt den eigenen Körper als Instrument, mit dem man Vieles zum Ausdruck bringen kann. Es setzt sich auf seine Weise mit Materialien auseinander und entdeckt seinen eigenen Weg, seine musikalischen Erfahrungen zu präsentieren. Musik ist eine ideale Unterstützung für die Entwicklung ganzheitlicher Bildungsprozesse. In ihr sind Sprache, Bewegung und Emotionen vereint, sie befasst sich mit dem Ich, Du und Wir. Musik lädt ein zum Entdecken, Experimentieren und Probieren, sie macht neugierig und klug. Musik machen heißt: Gesang, Sprache und Bewegung so aufeinander abzustimmen, dass Freude und Frohsinn von außen nach innen gelangen. Singende Kinder sind ausgeglichen und fröhlich, können sich in eine Handlung und Gemeinschaft einfügen und konfliktfreier miteinander umgehen.

Im musikalischen Erleben in der Kita geht es weniger um das genaue Erlernen von Liedtexten oder um den exakten und richtigen Einsatz der Instrumente, sondern vielmehr um die Auseinandersetzung mit Geräuschen, Tönen, Klängen, mit Rhythmus, Zeit und Raum. Es geht um ein vertrautes, musikalisches Miteinander, in dem das Summen, Brummen, Zwitschern und Säuseln mit dem Klatschen, Stampfen, Hüpfen und Springen im Mittelpunkt der Aktionen stehen. Die Kinder unter drei Jahren erleben hier eine erste begleitete und freudige Auseinandersetzung mit Musik, Geräuschen und Klängen.

Musik liegt also in der Luft und Klara, die schon bekannte Mäusemama, wird Sie auf der Entdeckungsreise in die Welt der Musik und des Klangs gerne wieder begleiten. Klara gibt mit ihren kleinen Mäusekindern Ihrem musikalischen Ausflug eine besondere Note. Die Entdeckungsreise vereint sowohl musikalische Impulse für den Stuhlkreis als auch Ideen für die Gestaltung im Morgenkreis. Sie führt in das Reich der Tiere und sie macht mit den Geräuschen des Alltags sowie mit einfachen orffschen Instrumenten vertraut. Schließlich begleitet Klara die Kinder musikalisch auf dem Weg durch die Jahreszeiten.

Bei allen Impulsen stehen die Kinder unter drei Jahren und ihre Art zu lernen im Mittelpunkt. Wiederholungen und der Rückgriff auf bereits Bekanntes sind für diese Altersgruppe unerlässlich. Um an die erste Entdeckungsreise mit Klara für die Kleinsten anzuknüpfen, habe ich bewusst gleiches Material verwendet und einige Wiederholungen eingebaut. So findet sich das Begrüßungs- und Abschiedslied oder auch die Wühlkiste wieder. Jedoch können Sie, liebe Erzieherin, selbst entscheiden, ob das auch in Ihrem Sinne ist.

Ich möchte Sie neugierig machen, aber Ihnen Ihre musikalische Freiheit lassen. Sie können Ideen nutzen und trotzdem diese musikalische Reise selbst gestalten, um sich bei allem, was Sie tun, an den momentanen Bedürfnissen Ihrer Gruppe zu orientieren. Lassen Sie sich auf Klara und ihre Mäusekinder ein und bringen Sie die musikalische Freude in Ihre Gruppe.

Ihre Ingrid Biermann

Klara auf musikalischer Entdeckungsreise

Die Bedeutung der ganzheitlich musikalischen Erfahrung

In jedem musikalischen Erlebnis steckt die intensive Auseinandersetzung mit Melodie, Bewegung, Sprache und Emotionen. Wer Musik macht, erlebt sie mit all seinen Sinnen. Ein Lied, ein Vers oder ein Reim erweitern ganz nebenbei den Wortschatz der Kleinen. Zugleich wird durch die Bewegungsaufforderung das Wortverständnis unterstützt und durch die ganz persönliche, emotionale Erfahrung gefestigt. Darstellende Elemente helfen bei der Auseinandersetzung mit Musik, sei es durch kreative Erlebnisse, wie Malen nach Musik mit Rasierschaum, sei es durch tänzerische Erlebnisse mit Tüchern oder Blättern. Der Einsatz von Instrumenten ist ebenso ein Teil musikalischer Früherziehung. Dies können auch natürliche „Krachmacher" wie kleine Stöckchen und Steine sein. Durch Einzel- und Gruppenaktivitäten werden die Ich- und die Sozialkompetenz eines jeden Kindes gestärkt. Musik machen hilft bei der aktiven Auseinandersetzung mit der Umgebung und unterschiedlichen Materialien, mit dem Menschen und einer Gruppe.

Musikalische Basiserfahrung von Anfang an

Sing- und Spielanregungen wecken das musikalische Verständnis des Kleinstkindes und ermöglichen ihm grundlegende musikalische Erfahrungen von Anfang an. Es erlebt bei den Angeboten im Buch viele unterschiedliche Höreindrücke, lernt Gehörtes zu differenzieren, macht rhythmische Erfahrungen, setzt sich auseinander mit Tempo und Zeit, mit der Kraft und dem Raum, mit laut und leise, hoch und tief, schnell und langsam. Die Kleinsten kommen mit verschiedenen Methoden in Kontakt, erlernen den Umgang mit Sing- und Spielpausen, üben sich in der Stimmbildung und erfahren spielerisch durch Stampfen, Klatschen, Trippeln oder Patschen den Umgang mit dem musikalischen Grundschlag. Sie befassen sich mit Sprache, Melodie, Reim und Reimlänge, Klang und Geräusch, sie imitieren und bewegen sich zum musikalischen Impuls. All diese Erfahrungen machen die musikalische Früherziehung im Elementarbereich aus.

Musik macht klug – Lernerfahrungen über kleine Impulsgeber

In jedem Lied steckt eine Geschichte, jeder Vers erzählt von einem Ereignis, jedes Fingerspiel knüpft Verbindungen zur Umwelt, jede Mitmachgeschichte regt zum Nachahmen und Kommunizieren an. Musik stärkt die Fähigkeit des Zuhörens, macht sensibel für laute und leise, für hohe und tiefe, für lange und kurze Klänge, Töne und Geräusche. Musik hilft dem Kind, Eindrücke und Erlebtes zu verarbeiten. Durch das konzentrierte Hinschauen und Zuhören, das aktive Vor- und Nachspielen, das Verknüpfen von Hören und Bewegen, das Einhalten von Pausen, das Wiederholen von Sätzen erweitert und festigt es seine kognitiven Fähigkeiten. Musik unterstützt das Bedürfnis selbst zu handeln, mitzumachen und sich am Geschehen zu beteiligen. Musik macht Mut und stärkt das Selbstvertrauen. Mit Freude werden Kinder zu Tanzenden und Musizierenden. Sie entdecken an sich Fähigkeiten und Vorlieben, sie erfahren Selbstbestätigung – all das sind wichtige Voraussetzungen für die Entwicklung der Intelligenz.

Musikalische Erfahrungen mit allen Sinnen

Musik schärft die Sinne: Alle musikalischen Aktivitäten werden durch die Mitwirkung verschiedener Sinne erlebt, transportiert und im Gehirn abgespeichert. Je intensiver und vielfältiger das musikalische Erlebnis ist, desto ausgeprägter wird die sinnliche Erfahrung. Das Kleinstkind hört nicht nur die Musik, es sieht und spürt sie, es bewegt sich nach ihr und erlebt seine Emotionalität, es erlebt sein Tempo, seine Anspannung und auch seine Entspannung. Die sinnlichen Erfahrungen helfen ihm, Musik zu verstehen, zu behalten und sie zur gegebenen Zeit wieder abzurufen. Daher ist in der musikalischen Arbeit mit Kleinstkindern die Erlebnisvariation eines jeden Impulses wichtig. Ein Lied, ein Reim oder ein Spiel kann sowohl auf der Bewegungsebene als auch auf der Wahrnehmungs-, Entspannungs- und Kreativitätsebene erlebt werden. Jedes Angebot lädt zum Imitieren, Variieren und Fantasieren ein. Die Kinder brauchen bei jedem Angebot ihre Zeit zum Erleben und Handeln, zum Wiederholen und Verändern. Nur so wird jede musikalische Erfahrung „sinnvoll".

Musikalische Lernerfahrungen durch Wiederholungen

Haben die Kleinsten eine schöne und ansprechende Lernerfahrung gemacht, wiederholen sie sie immer wieder. Das habe ich bei der Gestaltung der Angebote für die Kinder unter drei Jahren berücksichtigt. Sie finden neue Texte mit altbekannten Melodien, auf die sie schnell zurückgreifen können. Die Leichtigkeit und Freude an der Musik stehen bei den Impulsen immer im Mittelpunkt.

Ebenso wie die Wiederholung auf musikalischer Ebene ihre Bedeutung hat, hat sie sie auch bei den Versen. Die Texte in den Angeboten zeichnen sich zusätzlich durch Einfachheit und Kürze aus. Somit sind stressfreies Erleben und freudiges Mitmachen garantiert. Längere Texte können von der Strophenzahl her ohne Probleme gekürzt und langsam erweitert werden. Spüren Sie, liebe Erzieherin, in den Text hinein und beobachten Sie die Kinder. Sie können entscheiden, wie und wann sie den Text einsetzen und was sie verändern. In den Angeboten finden Sie meist Variationen, die sich als Ergänzung anbieten. Es gibt Kindergruppen, die können gar nicht genug bekommen, seien Sie darauf vorbereitet. Die Aufbauimpulse eignen sich als Vertiefung und können zu einem anderen Zeitpunkt durchgeführt werden.

Die Rolle der Erzieherin in der musikalischen Arbeit mit den Kleinsten

Hat das Kind unter drei Jahren die Eingewöhnungsphase erfolgreich durchlaufen und seine Bezugserzieherin akzeptiert und ins Herz geschlossen, hat es sich in seiner Umgebung eingelebt, dann fühlt es sich sicher. Es kennt die Abläufe, die Räume und den Alltag. Jetzt können gemeinsam wunderbare Dinge erlebt werden. Nun kann die Bezugserzieherin beginnen, ihren Impulsen einen Rahmen und einen Schwerpunkt zu geben, wie etwa die Musik. Die Erzieherin und der entsprechend gestaltete Raum spielen eine wichtige Rolle bei der freudvollen Auseinandersetzung mit der Welt der Klänge und Melodien.

Schon im Kleinkindalter spielen Töne und Geräusche für eine feste Bindungsebene eine wichtige Rolle. Eine Erzieherin regelt bereits über ihre Stimme, die Sprechmelodie und das Sprechtempo den Kontakt zum Kind. Klänge und Geräusche sind also unmittelbar im täglichen Miteinander erfahrbar.

Durch genaue Beobachtungen kann die Erzieherin einschätzen, wie das Kind auf ihren sprachlichen und auch gesanglichen Ausdruck reagiert, und dieses Wissen bewusst einsetzen. Die Kinder wiederum erleben eine singende und summende Bezugsperson als eine fröhliche, mit der sie gerne Kontakt aufnehmen. Singen und Musizieren ist also viel mehr als nur ein Zeitvertreib, beides eröffnet die Chance auf eine gute Beziehung.

In der musikalischen Arbeit gibt die Erzieherin zunächst aktiv die Impulse, die das Kind unter drei Jahren sofort nachahmen kann. Es fühlt sich dadurch auf einer Ebene mit der Erzieherin. Die Bezugsperson unterstützt so die Kinder und hilft ihnen bei der Umsetzung von Text, Musik und Bewegung. Sobald sie die Freude am eigenen Handeln bei den Kleinsten entdecken kann, wechselt sie von der aktiven Rolle in die beobachtende.

Die Bedeutung der musikalisch anregenden Umgebung

Eine Umgebung, in der Kinder Geräusche entdecken können, in der sie mit Materialien klopfen, stampfen, reiben oder knistern, ist auffordernd und regt jedes Kind an, mit den gegebenen Gegenständen zu experimentieren. Aktivität steckt an und im Nu klopfen, schlagen und reiben alle mit, so entsteht Musik. Eine achtsame Erzieherin reagiert und steigt mit ein. Hat sie Fantasie und kann schnell kleine Verse, Reime oder andere Spielimpulse in die Gruppe bringen, dann ist das musikalische Erleben in vollem Gang. Kochlöffel und Co. eignen sich wunderbar, um auf Tischen, Stühlen oder Fensterbänken die unterschiedlichsten Hörerfahrungen zu machen. Ein Korb voller Papier, in dem es raschelt, lädt zum Knisterkonzert ein und eine Kiste mit vielen „Krachmachern" wie Dosen, Stöckchen oder Rasselflaschen, macht aus jedem Kind einen Musiker. Musikalische Kreisaktivitäten, bei denen die Kleinsten klatschen, stampfen, hüpfen und springen oder summen, brummen, laut, leise, langsam oder schnell sprechen und singen, bringen alle in Bewegung. Der Innen- und auch der Außenraum in der Kita sind eine musikalische Erlebnislandschaft. Aus Tönen, Klängen und Geräuschen entsteht Musik. Die Erzieherin kann neben den Alltagsmaterialien zusätzlich einfache Instrumente anbieten, die die Freude an der Musik weiterführen. Über das orffsche Instrumentarium wie Trommeln, Rasseln, Schellen oder Glocken lernen die Kinder auch einen Zugang zur gestalteten Musik kennen.

Mit Klara musikalische Entdeckungen vorbereiten und gestalten

Die Klaramaus ist wieder die Leitfigur bei den Entdeckungen in der Welt der Musik. Damit die Erfahrungen für alle zu einem schwungvollen Erlebnis werden, müssen kleine Vorbereitungen getroffen werden, doch die Mühe lohnt sich.

Warum sind Symbolfiguren für die Kinder wichtig und hilfreich?

Symbolfiguren werden von Kindern geliebt. Ihnen schenken sie ihre volle Aufmerksamkeit. Symbolfiguren dienen als Gesprächspartner, Tröster und Mutmacher, die zwar stumm, aber dafür immer da sind. Diese Begleiter sind oft ein Leben lang dabei, denn sie können zu echten Freunden werden. Ihnen werden Geheimnisse anvertraut, auf sie kann man sich verlassen, sie erwarten nichts und geben doch viel. Mit ihnen kann man kuscheln, aber auch Trennungsangst oder Einsamkeit vergessen.

Während der Erlebnisreise begleiten kleine, selbst genähte Stoffmäuse die Kinder. Die „Tierchen" liegen immer in einem Weidenkorb, der mit vielen Tüchern zu einem großen Nest ausgestattet wird. Der Korb steht in einer Raumecke und lädt die Kinder ein, jederzeit die Figuren mit in ihr Spiel zu holen. Zusätzlich begleitet eine größere Maus, die selbst genähte Klara, die Kinder bei den musikalischen Erlebnissen. Klara und ihre Kleinen werden im Lauf der nächsten Wochen für Ihre Kinder Begleiter, Freund, Tröster oder Spielpartner werden.

Gemeinsam mit ihnen machen die Kinder nun ihre ersten musikalischen Basiserfahrungen. Sie setzen sich bewusst mithilfe von Liedern, Versen und Geschichten, mit Geräuschen, hohen und tiefen Tönen sowie mit lauten und leisen Klängen auseinander. Mit dabei ist dieses Mal der Zwerg Klingklang, der die Kinder musikalisch einstimmt und für eine fröhliche und beschwingte Atmosphäre sorgt.

Hierfür eignet sich eine Zwergenfigur aus Stoff, die in der Spielzeugabteilung erhältlich ist.

Tipp

Einbindung der Eltern in die musikalischen Entdeckungen

Machen Sie Ihre Arbeit den Eltern transparent. Laden Sie sie zu einem ungewöhnlichen Elternabend ein. Erzählen Sie ihnen an einem Aktionsabend, dass sie mit den Kindern auf Entdeckungsreise gehen. Stellen Sie ihnen Klara und ihre Mäusekinder vor und machen Sie ihnen die möglichen Erfahrungen und Erlebnisse deutlich. Bitten Sie die Eltern um Unterstützung bei der Herstellung von Materialien, denn so können sie aktiv an der Arbeit in der Kindertagesstätte teilnehmen. Beginnen Sie früh genug mit den Vorbereitungen, damit auch für die Eltern kein Zeitdruck entsteht. Binden Sie die Eltern ein, indem Sie dokumentieren und sie über Aktionen und Erfahrungen informieren.

Indem Sie Ihre Tätigkeit transparent machen, zeigen Sie Kompetenz. Nehmen Sie die Eltern mit in die Welt der Musik, laden Sie sie ein, an Aktionstagen Einblick in die Erfahrungen der Kinder zu gewinnen. Lassen Sie sie aktiv teilnehmen. Über diesen Weg bauen Sie Interesse für Ihre Arbeit auf und der Weg zu einem vertrauten und verständnisvollen Miteinander wird leichter. Bieten Sie den Eltern mehrere Tage an, sodass sie freie Auswahl haben und Ihr Angebot mit ihren eigenen Terminen gut koordinieren können. Mit diesen gemeinsamen Aktionen entsteht eine der wichtigsten Grundlagen, nämlich die Bildung einer Erziehungs- und Bildungspartnerschaft zwischen Ihnen und den Eltern.

Ausstattung der musikalischen Entdeckungsreise

Bevor Sie mit den Entdeckungen starten, müssen die Begleiter und deren Zuhause hergestellt werden, nämlich Klara, ihre Mäusekinder und die Holzkiste. In Zusammenarbeit mit den Müttern und Vätern der Kinder, beispielsweise in mehreren Elternaktionstagen, macht die Herstellung viel Freude. Ebenso sollten einige Materialien ergänzt und bereitgestellt werden.

Material

Holzkiste mit Deckel, eine größere Klaramaus aus Kuschelstoff gefüllt mit Raps oder Kirschkernen, für jedes Kind je eine kleine Stoffmaus gefüllt mit Raps oder Kirschkernen (zusätzlich mit aufgenähten Glöckchen), Zwerg Klingklang (Stoffpuppe aus der Spielzeugabteilung), eine grüne Decke (symbolisch für die Wiese), viele kleine Kuscheltiere (Katze, Frosch, Biene, usw.), Orffinstrumente (Trommeln, Klangstäbe, Glocken, Rasseln, usw.)

Herstellung der Holzkiste

Lassen Sie sich von einem Schreiner oder einem Elternteil eine beliebig große Holzkiste mit Deckel schreinern. Der Deckel kann mit Teppichboden beklebt werden und ist im verschlossenen Zustand als Sitz- oder Spielpodest zu nutzen. Diese Kiste ist eine große Wühlkiste. Sie wird mit Raps, Erbsen oder Bohnen gefüllt. In ihr versteckt die Erzieherin kleine Dinge, die zum Einstieg bei einigen Angeboten gesucht werden müssen. Die Kiste ist den Kindern nur unter Aufsicht der Erzieherin offen zugänglich. Geschlossen dient sie als Sitz- und Spielpodest.

Herstellung der Mäuse

Die Mäuse sind schnell hergestellt, indem aus einem Quadrat ein Dreieck gefaltet und genäht wird. Es können beliebig große Dreiecke sein. Die Mäuse sollten aus unterschiedlichen, weichen, einfarbigen Stoffen hergestellt werden, um den Kindern angenehm reizarme Sinneserfahrungen zu ermöglichen. Zugleich erkennt jedes Kind seine Maus und findet sie schnell wieder. Diese Dreiecke können mit Kirschkernen oder Raps gefüllt werden. An jede Maus werden etwas größere Glöckchen genäht, sodass es klingelnde Piepmäuse werden. Klara kann ebenso wie die Mäusekinder hergestellt werden, allerdings aus einem etwas größeren Stoffquadrat mit einem besonderen Farbmuster.

Die Piepmäuse mit den Glöckchen können nicht mehr für die Impulse erwärmt werden, wie es für die Angebote im ersten Band (Ingrid Biermann, Mit Klara und den Mäusen die Welt entdecken) angegeben war. Wird das Metall der Glöckchen zu warm, könnte es zu Verletzungen führen. Die Glöckchen sollten so gewählt sein, dass keine Verschluckungsgefahr besteht.

Hinweis

Einstiegsgeschichte erster Reisetag: Klara und ihre Piepmäuse

Material

Wühlkiste, Klaramaus, Piepmäuse, grüne Decke

Vorbereitung

Die Piepmäuse werden in die Holzkiste gelegt, die dann verschlossen wird. Klara liegt versteckt, aber griffbereit, in einer Ecke.

Einstieg

Die Kinder setzen sich mit der Erzieherin um die Kiste. Die Erzieherin singt ein oder mehrere Strophen des Begrüßungsliedes „Wir kommen heut' zusammen".

Wir kommen heut' zusammen

Begrüßungslied *(Melodie: „Ich bin ein Musikante", Text: Ingrid Biermann)*

Refrain Wir kom-men heut' zu - sam-men und wol-len fröh-lich sein. Wir

kom-men heut' zu - sam-men und wol-len fröh-lich sein.

1. Wir wol-len sin-gen, wir wol-len sin-gen. Wir wol-len

sin-gen, wir wol-len sin-gen. Komm, sing mit mir, komm,

sing mit mir und sag laut: „Gu-ten Tag." Komm,

sing mit mir, komm, sing mit mir und sag laut: „Gu-ten Tag."

2. Wir können klatschen, wir können klatschen *(2x)*.
Komm, klatsch mit mir, komm, klatsch mit mir
und sag laut „Guten Tag" *(2x)*.

3. Wir können tanzen, wir können tanzen *(2x)*.
Komm, tanz mit mir, komm, tanz mit mir
und sag laut „Guten Tag" *(2x)*.

4. Wir können stampfen, wir können stampfen *(2x)*.
Komm, stampf mit mir, komm, stampf mit mir
und sag laut „Guten Tag" *(2x)*.

5. Wir können hüpfen, wir können hüpfen *(2x)*.
Komm, hüpf mit mir, komm, hüpf mit mir
und sag laut „Guten Tag" *(2x)*.

Je nach Interesse der Kinder können weitere Strophen neu erfunden und gesungen werden. Der Refrain wird zwischen jeder Strophe gesungen.

Tipp

Die Erzieherin öffnet nun den Deckel der Kiste. Jedes Kind wird eingeladen, in der Kiste zu wühlen, bis es eine kleine Klingelmaus mit Glöckchen gefunden hat. Nun holt die Erzieherin die Klaramaus hervor. Sie breitet eine grüne Decke aus, die symbolisch eine Wiese darstellen soll. Jedes Kind macht es sich mit einer Piepmaus auf der grünen Wiese bequem. Die Erzieherin erzählt den Kindern die erste Klarageschichte. Der folgende Ablauf und der Text können bei Bedarf gekürzt oder auf mehrere Tage verteilt werden.

Anleitung

Klara hat, wie jedes Jahr, wieder viele kleine Mäusekinder bekommen. Sie liegen eng zusammengekuschelt in ihrem Mäusenest und schlafen den ganzen Tag. Schon nach wenigen Tagen bekommen sie ein wunderschönes Fell und sind putzmunter. Sie genießen jede Minute mit ihrer Mama. Beim Spielen merkt Klara, dass jede Maus eine schöne Stimme hat. Wenn sie alle zusammen piepsen, dann hört sich das an wie eine wunderschöne Musik.

Klaras Kinder sind auch sehr neugierig. Jeden Tag machen sie sich auf den Weg und dabei entdecken sie auf ihrer Wiese vieles, was klingt, klirrt, summt und surrt. Musik macht den kleinen Mäusen so viel Freude, dass sie, egal wo sie sind, immer fröhlich piepsen, stampfen und tanzen. Klara nennt ihre Mäuse liebevoll Piepmäuse. Erst wenn ihre kleinen Mäuse schlafen, dann ist von ihrer Mäusemusik nichts mehr zu hören.

Zum Abschluss wird gemeinsam da Lied „Kleine Maus, komm, tanz mit mir" gesungen.

Kleine Maus, komm, tanz mit mir

Abschlusslied *(Melodie: „Brüderchen, komm, tanz mit mir", Text: Ingrid Biermann)*

Klei-ne Maus, komm, tanz mit mir, tan-zen möcht' ich auch mit dir,

ach, wie schön, ach, wie schön, mit dir durch den Tag zu geh'n.

Die Lieder zur Begrüßung und zum Abschluss können an jedem folgenden Tag der musikalischen Entdeckungen die Impulse einrahmen. Die Vorschläge für die weitere Tour können nach eigenen Vorstellungen und Ideen verändert werden. Sie können gemeinsam mit den Kindern die Reise mit oder auch ohne die genähten Piepmäuse, die Klaramaus oder die anderen Gestaltungsideen antreten. Wichtig ist, dass Sie von den Vorschlägen begeistert sind. Sie und die Kinder werden dann viel Freude an den Erlebnissen haben.

Klara lädt zum Singen ein: Musikalische Ideen für den Morgenkreis

Der Morgenkreis ist mit die wichtigste Phase des Tages. Ankommen, loslassen, sich wohlfühlen, die anderen Kinder wahrnehmen, selbst wahrgenommen werden, sich mit Freude neuen Dingen widmen, Gemeinschaft erleben, Orientierung finden, miteinander singen, klatschen, hüpfen und springen – all diese Dinge machen den Morgenkreis jeden Tag zu einem besonderen Erlebnis. Daher sollte ihm viel Zeit gegeben werden.

Im Morgenkreis wird die Freude an der Welt des Klangs durch Begrüßungslieder, Bewegungsverse und Fingerspiele spielerisch geweckt. Durch aktive Impulse setzen sich die Kleinsten mit den Grundlagen der musikalischen Früherziehung auseinander. Ideenreich experimentieren sie etwa mit der Sprech- und Singmelodie. Zugleich unterstützen und entwickeln die musikalischen Impulse in der Morgenrunde die Aufmerksamkeitsspanne der Kleinsten, denn sie sind von der Musik gefesselt und folgen gerne den Impulsen. Dabei lernen sie spielerisch den Aufforderungs- und Handlungsangeboten nachzukommen.

Die Welt der Musik wird für die Kinder immer intensiver erfahrbar, je besser sie im Laufe der Zeit Töne, Klänge, Geräusche und Melodien differenzieren können. Durch Klara und ihre abwechslungsreichen Impulse und Variationen zur Begrüßung, zum Kennenlernen und zum Mitmachen werden diese Lernerfahrungen unterstützt.

Einstiegsgeschichte:
Mit Klara klatschen und stampfen

Material

Wühlkiste, Klara, Piepmäuse, Kissen, Decken, kleine Hocker, kleines Notizbuch, kleines Tuch, Lampe

Vorbereitung

In Buchläden sind oft sehr schöne, kleine Notizbücher zu bekommen, die durch ihre Aufmachung einem Schatzbuch ähneln. In ein solches Buch schreibt die Erzieherin Geschichten, Lieder und Verse aus diesem Kapitel sowie Ideen aus ihrem pädagogischen Alltag. Das Spielschatzbuch wird besonders schön verpackt und in der Wühlkiste versteckt. Mit den Kissen, Decken, Hockern und der Lampe wird eine gemütliche Ecke zum Zuhören gestaltet. Die Kiste steht in der Mitte und die Klaramaus liegt, zugedeckt mit einem Tuch, griffbereit.

Einstieg

Die Erzieherin und die Kinder sitzen in der gemütlich gestalteten Ecke zum Zuhören. Sie singen das Begrüßungslied „Wir kommen heut' zusammen" und danach erzählt die Erzieherin die Klarageschichte. Text und Ablauf können gekürzt und verändert werden.

Geschichte

Jeden Morgen, wenn die kleinen Mäuse gefrühstückt haben, setzen sie sich mit Klara zusammen in den Kreis. Klara holt ihre Holzkiste und stellt sie in die Mitte. Heute können die Mäuse wieder wühlen und sie finden ein klitzekleines Päckchen. Die Mäuse sind neugierig und Klara öffnet es. Sie holt ein wunderschönes, kleines Büchlein heraus, auf jeder Seite steht ein schönes Spiel. Die Mäuse wollen sofort spielen. Zuerst singen und klatschen sie ihr Begrüßungslied und danach singen, klatschen, stampfen, hüpfen und springen sie fast bis zum Mittag. Klara singt mit ihnen leise und laute Lieder, erzählt ihnen fröhliche und traurige Geschichten und macht mit ihnen schnelle und langsame Trampelspiele. Klara schließt das Spielbuch und legt es wieder in die Kiste. Nach dem Abendbrot gehen alle Mäuse singend ins Bett, um am nächsten Morgen neue, schöne Spiele aus dem Spielebuch kennenzulernen.

Die Erzieherin lädt die Kinder im Morgenkreis ein, in der Wühlkiste zu suchen. Auch sie finden ein Päckchen, in dem ein Spielschatzbuch versteckt ist, genau wie bei den Mäusen. Die Erzieherin schlägt eine Seite auf und wählt zum Abschluss ein Spiel aus, mit dem der Morgenkreis beendet wird.

Variation

Gemeinsam kann zum Abschluss das Lied „Wollt ihr wissen" gesungen und gespielt werden.

Wollt ihr wissen

Mitmachlied *(Melodie: „Wollt ihr wissen, wollt ihr wissen", Text: Ingrid Biermann)*

Anleitung

Die Kinder und die Erzieherin singen das Lied gemeinsam, sie beginnen mit dem Refrain. Die Bewegungen werden passend zum Text ausgeführt, der in den Wiederholungen variiert wird.

Refrain Wollt ihr wis - sen, wollt ihr wis - sen,

was wir Kin - der ger - ne ma - chen?

1. Ja, wir klat - schen, ja wir klat - schen,

ja wir klat - schen ganz laut (leis').

2. Ja, wir stampfen, ja, wir stampfen, ja, wir stampfen ganz laut (leis').

Begrüßungslieder:
Guten Morgen, liebe Leute

Eine Begrüßungsrunde im Morgenkreis spricht jedes einzelne Kind an. Es fühlt sich so in der Gruppe angenommen und erfährt von allen ungeteilte Aufmerksamkeit. Die Liedangebote setzen dabei den musikalischen Impuls. Klara und ihre Piepmäuse können auch an dieser Runde als stumme, aber vielleicht klingende Begleiter teilnehmen.

Der Peter, ja, der Peter ...

Mitmachlied *(Melodie: „Ein kleines, graues Eselchen", vgl. Noten, S. 96, Text: Ingrid Biermann)*

Die Kinder sitzen im Morgenkreis und singen gemeinsam mit der Erzieherin. Der Name, der genannt wird, dient als Beispiel. Pro Strophe wird jeweils der Name eines Kindes aus der Gruppe eingesetzt. Dieses geht durch den Kreis und bewegt sich dem Text entsprechend. Es stellt sich so den anderen Kindern vor. In der letzten Zeile klatschen alle Kinder in die Hände. Danach setzt sich das Kind wieder und ein anderes wird vorgestellt. Das Lied wird so oft wiederholt, bis alle aus dem Kreis einmal besungen worden sind. Zum Abschluss wird die zweite Strophe gesungen. Alle Kinder gehen im Kreis umher und spielen den Text des Liedes.

Anleitung

1. *Der Peter*, ja, *der Peter*, der (die) wandert froh umher,
er (sie) klatscht laut in die Hände, ja, das ist gar nicht schwer.
Hurra, hurra, *der Peter*, der (die) ist da.

2. Viele frohe Kinder, die wandern froh umher,
sie klatschen in die Hände, ja, das ist gar nicht schwer.
Hurra, hurra, heut' sind wir alle da.

Lied

Zunächst können die Kinder immer dieselbe Bewegung ausführen. Ist das Lied bekannt, so können sie sich eine andere Bewegung aussuchen, etwa winken, hüpfen oder mit den Füßen stampfen.

Variation

Guten Morgen, liebe Leute

Mitmachlied *(Melodie: „Wie das Fähnchen auf dem Turme", Text: Ingrid Biermann)*

Die Kinder sitzen im Kreis und die Erzieherin singt das Lied, beginnend mit dem Refrain. Sie lädt die Kinder ein, mit ihr gemeinsam dem Text entsprechend zu klatschen, zu stampfen und laut oder leise mitzusingen. Nach dem Lied fassen sich alle an den Händen und sagen laut „Guten Morgen."

Gu-ten Mor-gen, lie-be Leu-te, so be-grü-ßen wir uns heu-te.

Klat-schen laut (leis'), ja, es ist schön, al-le hier im Kreis zu seh'n.

Hallo, hallo, hallo

Mitmachlied *(Melodie: „A, a, a, der Winter, der ist da", Noten, S. 104, Text: Ingrid Biermann)*

Die Kinder stehen im Kreis, singen und spielen das Lied. Der Refrain wird vor und nach jeder Strophe gesungen, dabei winken sich die Kinder zu. In der ersten Strophe geben sich die Kinder die Hand. In der zweiten Strophe klatschen sie in die Hände.

Refrain: Hallo, hallo, hallo,
heut' sind wir alle froh.

1. Sagen uns nun „Guten Tag",
weil jeder jeden gerne mag.

2. Wir klatschen ganz laut in die Hand
und geh'n gemeinsam durch das Land.

Klara lädt zum Singen ein

Kennenlern- und Mitmachangebote: Ich freue mich, denn du bist da

An der musikalischen Begrüßungsrunde zum Kennenlernen haben die Kinder viel Freude. Sie wird verstärkt, wenn sie auch mit entsprechender Bewegung umgesetzt wird. Die Angebote regen zum aktiven Mitmachen und Einbringen der eigenen musikalischen Erfahrung an.

Ich stehe hier im Kreise

Mitmachlied *(Melodie: „Ein kleines, graues Eselchen", Noten, S. 96, Text: Ingrid Biermann)*

Die Kinder stehen im Kreis und die Erzieherin singt das Lied beim ersten Durchgang laut, bei der Wiederholung ersetzt sie das Wort „laut" durch „leise" mit entsprechend weniger Lautstärke. Rhythmisch kann es durch Klatschen begleitet werden. In der letzten Zeile wird das „Hallo" durch Winken pantomimisch umgesetzt. Die Strophen können mehrmals wiederholt werden, je nach Interesse der Kinder.

Anleitung

Ich stehe hier im Kreise und rufe laut: „Hallo!"
Ich stehe hier und rufe, denn ich bin heut' so froh,
Hallo, hallo, hallo, hallo, hallo!

Lied

Schau mal an

Mitmachlied *(Melodie: „A, a, a, der Winter, der ist da", Noten, S. 104, Text: Ingrid Biermann)*

Die Kinder stehen oder sitzen im Kreis. Die Erzieherin singt die erste Strophe und lädt ein Kind ein, die im Text genannten Bewegungen vorzuspielen. Die erste Strophe wird jeweils mit einem anderen Namen aus der Kindergruppe so oft wiederholt, bis alle einmal an der Reihe waren. Die zweite Strophe wird zum Abschluss von allen Kindern gemeinsam gesungen und gespielt.

Anleitung

1. Schau mal an, was *Sophie* alles kann.
Sie (er) klatscht ganz laut und hüpft ganz froh,
das Stampfen, schau, das macht sie (er) so.
Schau mal an, was *Sophie* alles kann.

2. Schau mal an, was jeder von uns kann.
Wir klatschen laut und hüpfen froh,
das Stampfen, schau, das macht man so.
Schau mal an, was jeder von uns kann.

Ich wecke meine Hände

Mitmachlied *(Melodie: „Ich bin ein Musikante", Noten, S. 18, Text: Ingrid Biermann)*

Die Erzieherin sitzt mit den Kindern im Morgenkreis und singt das Lied. Sie führt die Bewegungen entsprechend dem Text aus. Die Kinder werden eingeladen, aktiv mitzumachen. In der letzten Zeile, wenn sie aufgefordert werden, still zu sein, legen alle ihre Hände auf die Oberschenkel.

Ich wecke meine Hände und fang zu klatschen an. *(2x)*
Ich kann klatschen, ganz laut klatschen.
Kommt, klatscht laut mit, kommt, klatscht laut mit,
doch jetzt sind alle still. *(2x)*

Sobald die Kinder das Lied und die Bewegungen kennen, kann es leise, laut, langsam oder schnell gesungen werden.

- Ich wecke meine Hände und fang zu reiben an …
- Ich wecke meine Füße und fang zu stampfen (laufen) an …
- Ich wecke meinen Körper und fang zu hüpfen (tanzen) an …

Die Lisa ist noch müde

Mitmachlied *(Melodie: „Häschen in der Grube", Text: Ingrid Biermann)*

Die Kinder sitzen im Morgenkreis. Die Erzieherin singt das Lied mehrmals, indem sie in der ersten Strophe jeweils den Namen eines Kindes aus der Gruppe einsetzt. Das angesprochene Kind steht mit der Aufforderung, zu laufen, auf und läuft so lange durch den Kreis, bis die Strophe zu Ende ist. Danach wird die Strophe mit dem Namen eines anderen Kindes wiederholt. Die zweite Strophe wird zum Abschluss gesungen, zunächst sitzen noch alle und laufen dann durch den Kreis.

2. Wir sind jetzt nicht mehr müde,
sitzen froh im Kreis *(2 x)*,
alle Kinder stehen auf und beginnen ihren Lauf *(2 x)*.
Kommt und lauft *(3 x)*!

Der Morgen, der ist wunderschön

Mitmachvers

Material

Rasseln, Trommeln

Anleitung

Die Kinder stehen im Kreis. Die Erzieherin spricht den Vers und führt die Bewegungen dem Text entsprechend aus. Die Kinder werden zum Mitmachen eingeladen. Die Klatschrhythmen können laut und leise sein, dementsprechend wird der Text angepasst.

Vers

Der Morgen, der ist wunderschön,
wir wollen heut' spazieren geh'n.
Wir gehen über Stock und Stein,
ach, was könnte schöner sein!
Wir klatschen laut (leis'), ja, es ist schön,
mit dir durch den Kreis zu geh'n.

Aufbauimpulse

- Aus dem Klatschen kann auch ein Stampfen werden.
- Es können Instrumente wie Rasseln oder Trommeln dazu oder anstelle des Klatschens genommen werden.

Ich freue mich, denn du bist da

Mitmachvers

Anleitung

Mit dem Vers wird jedes Kind einzeln von der Erzieherin begrüßt. Der Name hier dient nur als Beispiel. Während der ersten Zeile zeigt die Erzieherin auf ein Kind und führt mit ihm gemeinsam die Bewegungen entsprechend dem Text aus. In den beiden letzten Zeilen fügt sie den passenden Namen ein und begrüßt so alle Kinder. Die zweite Strophe bildet den Abschluss.

Vers

1. Ich freue mich, denn du bist da,
der Tag, er wird ganz wunderbar,
Ich klatsch' vor Freude, oh, wie schön,
dich heute hier im Kreis zu seh'n.
Komm, fass mich an, komm fass mich an,
damit ich mit dir tanzen kann.
La, la, laaa, la, la, laaa,
die (der) *Marie*, die (der) ist heut' da *(2x)*.

2. Ich freue mich, denn ihr seid da,
der Tag, der wird ganz wunderbar.
Wir klatschen vor Freude, oh, wie schön,
euch heut' hier im Kreise zu seh'n.
Kommt, fasst euch an, kommt, fasst euch an,
damit jetzt jeder tanzen kann.
La, la, laaa, la, la, laaa,
wir sind heute alle da *(2x)*.

Variationen

- Der Vers kann mit einer erfundenen Singsangmelodie unterlegt werden.
- Die Erzieherin kann bei jedem Kind eine andere Bewegung einbauen. Statt „klatschen" kann sie zum Beispiel „stampfen", „hüpfen" oder „drehen" einsetzen. So wird der Bewegungsteil abwechslungsreicher.

Finger-, Fuß- und Zappelspiele: Bewegung und Musik

Im Morgenkreis ist neben der Begrüßung auch Zeit und Raum gegeben, um gemeinsam musikalische Entdeckungen und Erfahrungen zu machen. Über Reime werden Klang und Rhythmus erfahrbar, über die Auseinandersetzung mit dem eigenen Körper sammeln die Kleinsten Eindrücke, wie sie Geräusche erzeugen und sich zu Klängen bewegen können.

Ich bin der kleine Kitzelmann

Fingerspiel

Anleitung

Die Erzieherin zeigt passend zu der ersten Zeile den Zeigefinger. Diesen bewegt sie entsprechend der Angaben im Vers. In der vorletzten Zeile werden verschiedene Körperteile berührt und zum Abschluss wird die Hand auf den Rücken gelegt. Jeder führt die Bewegungen an seinem Körper aus.

Vers

Ich bin der kleine Kitzelmann,
und zeige dir, was ich so kann.
Ganz leise komme ich zu mir und auch zu dir.
Ich kitzle meine (deine) Nase,
ich kitzle meinen (deinen) Bauch.
Ich kitzle meine (deine) Hände
und meine (deine) Füße auch.
Ich kitzle hier und dort
und lauf dann ganz schnell fort.

Variation

In der Wiederholung wird der Vers laut und leise, schnell und langsam oder hoch und tief vorgetragen.

Aufbauimpuls

Sind die Kinder mit dem Text vertraut, spielen sie das Spiel mit einem Partner und führen die Bewegungen an dem Körper des anderen Kindes aus. Das Pronomen „mein" wird dann zu „dein".

Klara lädt zum Singen ein

Ich und du, wir können klatschen

Bewegungsvers

Die Erzieherin und die Kinder sitzen gemeinsam im Kreis. Die Erzieherin spricht den Vers. Bei den Worten „ich" und „du" zeigt sie auf sich und andere. Bei „patschen" schlägt sie mit den Händen auf die Oberschenkel und führt alle Bewegungen entsprechend des Textes aus. Danach werden die Kinder eingeladen, die Bewegungen mitzumachen. Die ersten zwei Strophen werden laut und leise gesprochen und mehrmals wiederholt. Will die Erzieherin das Spiel beenden, dann spricht sie alle drei Strophen. In der dritten Strophe gehen alle an ihre Plätze, ihr Zuhause, zurück und ruhen sich aus, indem sie sich wieder hinsetzen.

Anleitung

1. Ich und du, wir können klatschen,
ich und du ganz laut auch patschen,
ich und du, wir rennen schnell,
ich und du steh'n auf der Stell'.

2. Ich und du, wir können gehen,
langsam, schnell und dann stillstehen,
ich und du, wir klatschen leise,
weiter geht nun unsere Reise.

3. Ich und du, wir machen Pause,
ich und du gehen nach Hause,
wir setzen uns und ruh'n uns aus,
denn die Reise, die ist aus.

Vers

Es werden Paare gebildet. Die Kinder stehen voreinander und zeigen nun mit dem Finger auf sich und den Spielpartner. Die weiteren Bewegungen gibt der Text vor. Es können immer wieder neue Paare gebildet werden und der Text wird so spielerisch wiederholt.

Aufbauimpuls

Fußmarsch

Bewegungsvers

Handtrommel, Schlägel, große Folie, Krepp-Klebeband, Fingerfarbe, CD-Spieler, (afrikanische) Trommelmusik, für jedes Kind einen Stuhl

Die Kinder sitzen auf ihrem Stuhl und werden eingeladen, ihre Schuhe und Strümpfe auszuziehen. Sie wecken ihre Füße, indem sie sie massieren, reiben und sie wach klopfen. Sie laufen, stampfen auf der Stelle und machen einen Fußmarsch. Nun können sie für ihren Stuhl im Raum einen anderen Platz suchen. Die Stühle symbolisieren jetzt Häuser. Die Erzieherin spricht den Vers, beginnend mit dem Refrain und bewegt sich dazu. Die Kinder gehen dem Text entsprechend um die Stühle. Dieses rhythmische Marschieren kann beliebig oft wiederholt werden.

Refrain: Die Füße wollen nicht mehr stehen,
sie wollen jetzt spazieren gehen.

1. Mal schnell *(schnell laufen)*, mal langsam *(langsam laufen)* geradeaus,
marschieren sie vergnügt ums Haus *(um den Stuhl gehen)*. *(2x)*

2. Mal hoch *(auf Zehenspitzen gehen)*, mal tief *(sich klein machen und in der Hocke gehen)* geradeaus *(normal gehen)*,
marschieren sie vergnügt ins Haus *(sich auf den Stuhl setzen)*. *(2x)*

- Orffinstrumente: Die Erzieherin schlägt im Versrhythmus auf eine Handtrommel. Sie kann den Impuls ausbauen, indem sie in der ersten Strophe nur das Laufen mit schnellen oder langsamen Schlägen begleitet. In der

zweiten Strophe kann sie sich für jede Gangart ein besonderes Trommeln ausdenken, etwa für das Gehen auf Zehenspitzen benutzt sie nur die Trommelkante. Sie führt die Bewegungen gemeinsam mit den Kindern aus.

- Der Schlagrhythmus wird unregelmäßig wiederholt. Somit entsteht ein rhythmisches Marschieren.

Aufbauimpuls

Fußtanz: Eine Folie wird ausgebreitet und auf dem Boden fest verklebt. Auf ihr wird Fingerfarbe verteilt. Dabei können die Kinder mit ihren nackten Füßen helfen. Nun können sie auf (afrikanische) Trommelmusik durch die Farbe laufen. Pausiert die Musik, dann bleiben sie stehen, spielt sie wieder, dann marschieren sie weiter.

Die Füße laufen ganz geschwind

Bewegungsvers

Handtrommel, CD-Spieler, klassische Musik, für jedes Kind einen Hocker

Material

Anleitung

Die Kinder sitzen auf ihren Hockern und werden eingeladen, ihre Schuhe und Strümpfe auszuziehen. Nun bewegen alle die Füße und spielen mit ihnen. Danach fordert die Erzieherin zu einem Mitmachspiel auf, sie beginnt den Vers mit dem Refrain. Werden die Kinder im Text eingeladen, stehen zu bleiben, entsteht eine Bewegungspause. Die Erzieherin kann sie unterschiedlich lang gestalten. Werden die Kleinsten aufgefordert weiterzugehen, so setzen sie das Bewegungsspiel fort. Durch dieses Stoppspiel machen sie rhythmische Erfahrungen. Die erste Strophe wird beliebig oft wiederholt. Will die Erzieherin das Spiel beenden, dann spricht sie auch die zweite Strophe und die Kinder setzen sich.

Vers

Refrain: Die Füße laufen ganz geschwind,
weil sie heute munter sind.

1. Sie laufen schnell und bleiben stehen
und jetzt können sie weitergehen.

2. Sie laufen ganz schnell nun nach Haus
und ruhen sich vom Laufen aus.

Variation

Aus der schnellen Bewegung wird eine langsame und der Text muss entsprechend verändert werden.

Vers

Refrain: Die Füße laufen nicht geschwind,
weil sie heute müde sind.

1. Sie laufen langsam, bleiben stehn
und jetzt können sie weitergehn.

2. Sie laufen langsam nun nach Haus
und ruhen sich vom Laufen aus.

Aufbauimpulse

- Klangspiel: Die Erzieherin schlägt die Handtrommel und die Kinder laufen langsam. Macht sie eine Pause, dann bleiben auch die Kinder stehen. Der Wechsel von Spiel und Pause kann mehrmals wiederholt werden. Aus dem langsamen Laufen kann auch ein schnelles werden.
- Stopptanz: Die Erzieherin spielt klassische Musik vor. Die Kinder machen einen „Fußspringhüpflauf-Tanz". Stoppt die Musik, dann bleiben sie stehen, spielt sie, dann tanzen sie weiter.

Der Zwerg Klingklang und sein Popowackeltanz

Klarageschichte

Material

Zwerg Klingklang, Klara, Piepmäuse, Rassel, Wühlkiste, Kissen, Decken

Anleitung

Aus den Decken und Kissen wird eine gemütliche Landschaft zum Zuhören gestaltet. Jedes Kind kann sich ein Klingelmäuschen mit in den Kreis nehmen, Klara sitzt auch dabei. Die Wühlkiste steht in der Mitte und die Erzieherin lädt die Kleinsten zum Durchsuchen ein. Sie finden einen Zwerg, Klingklang, den die Erzieherin den Kindern als Freund von Klara und den Mäusen vorstellt. Danach erzählt sie eine besondere Geschichte vom Zwerg Klingklang.

Geschichte

Klaras Mäuse haben einen guten Freund. Es ist der Zwerg Klingklang. Er ist den ganzen Tag mit Singen, Musizieren und Tanzen beschäftigt. An einem schönen Tag lädt Klingklang Klara und ihre Mäuse zu einem ganz neuen Tanz ein, dem Popowackeltanz. Klingklang spielt seine Rassel und singt dazu sein neues Lied. Klara und ihre Mäusekinder tanzen fröhlich mit. Sie wackeln

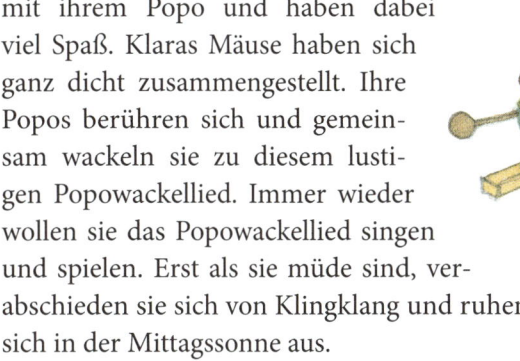

mit ihrem Popo und haben dabei viel Spaß. Klaras Mäuse haben sich ganz dicht zusammengestellt. Ihre Popos berühren sich und gemeinsam wackeln sie zu diesem lustigen Popowackellied. Immer wieder wollen sie das Popowackellied singen und spielen. Erst als sie müde sind, verabschieden sie sich von Klingklang und ruhen sich in der Mittagssonne aus.

Zum Abschluss können alle den Popowackeltanz auf das Lied „Lieber Freund, komm, tanz mit mir" tanzen.

Aufbauimpuls

Lieber Freund, komm, tanz mit mir

Mitmachlied *(Melodie: „Brüderchen, komm, tanz mit mir", Noten, S. 20, Text: Ingrid Biermann)*

Die Kinder stehen allein oder zu zweit zusammen. Sie bewegen sich gemeinsam mit der Erzieherin dem Text entsprechend. Die Erzieherin singt die Strophen in unterschiedlichem Tempo, einmal langsam und einmal schnell, sodass die Kinder ihre Bewegungen der Geschwindigkeit anpassen müssen. Der Text wird entsprechend angepasst. Die letzte Strophe wird in normalem Tempo gesungen und am Ende des Liedes stehen alle still.

Anleitung

1. Lieber Freund, komm, tanz mit mir,
mit dem Popo wackeln wir,
hin und her, hin und her,
Popowackeln ist nicht schwer.

2. Lieber Freund, komm, tanz mit mir,
mit dem Popo wackeln wir,
hin und her, hin und her,
langsam (schneller), das ist gar nicht schwer.

3. Lieber Freund, komm, tanz mit mir,
mit dem Popo wackeln wir,
hin und her, hin und her,
doch jetzt wackelt er nicht mehr.

In der Wiederholung stellen sich die Kinder paarweise Po an Po und versuchen nun zu wackeln. Bei jeder Wiederholung suchen sie sich einen neuen Partner.

Aus Musik werden Farben

Kreativangebot

CD-Spieler, klassische Musik (etwa Mozart: Die kleine Nachtmusik, Brahms: Wiegenlied), unterschiedliche Fingerfarbe, verschiedene Pinsel, Bürsten, Schwämme, große Tapetenrolle, Krepp-Klebeband, evtl. Folie

Die Erzieherin bereitet den Raum vor, indem sie große Tapetenbahnen an den Wänden befestigt und den Boden eventuell mit Folie auslegt. Die Materialien zum Malen liegen bereit. Die Kinder werden eingeladen, eine ganz besondere Erfahrung mit Musik zu machen. Während die klassische Musik läuft, können die Kinder mit den Farben und den unterschiedlichen Materialien zu den Klängen experimentieren. Die Erzieherin gibt den Kleinsten Impulse, indem sie etwa im Rhythmus der Musik malt oder die Melodie und einzelne Instrumente in visuelle Spuren umsetzt.

Auch die Hörspiele wie „Peter und der Wolf" oder „Karneval der Tiere" eignen sich zum Malen nach Musik.

Klara und ihre musikalischen Freunde: Tierisch schöne Musikerlebnisse

Quak Quak ...

... Summ brumm

Der Hund motiviert zum Bellen, die Katze zum Miauen. Die Welt der Tiere lädt ein zu aktiver Körpermusik. Die auditive Konzentration und die Fähigkeit, Geräusche zu lautieren, sie zuzuordnen und zu unterscheiden, mit der eigenen Stimme zu experimentieren, die Lautmelodie selbst zu gestalten, all das sind grundlegende Kompetenzen, um Freude an der Musik zu entwickeln. Tierstimmen und Bewegungen nachzuahmen, hilft den Kindern, sich selbst in einer anderen Rolle wahrzunehmen.

Die Tiere, mit deren Stimmen und Bewegungen in diesem Kapitel experimentiert wird, sind bewusst begreifbar gewählt. Denn etwas hören und begreifen kann ich nur, wenn ich das Objekt auch in unmittelbarer Nähe habe. Tiere wie Hunde, Katzen oder Bienen sind überall anzutreffen und auch schnell zu imitieren. Exotischere Tiere werden daher bewusst nicht berücksichtigt. Mithilfe von rhythmischen Versen, Fingerspielen oder Mitmachgeschichten begleitet Klara die Kinder unter drei Jahren durch die musikalische Tierwelt. Es geht um die Freude am eigenen Tun und nicht darum, Bewegungen, Lieder und Melodien perfekt zu beherrschen.

Hinweis Die Texte in diesem Kapitel können bei Bedarf verkürzt oder anderweitig geändert werden.

Einstiegsgeschichte:
Klara und die singenden Freunde

Wühlkiste, Klara, Piepmäuse, Kissen, Decken, Tiere aus Stoff oder Holz (Vogel, Frosch, Biene usw.), Holzblocktrommel, Schellenkranz, Schellenbaum

Material

Die Erzieherin gestaltet mit den Kissen, Decken, Klara und den Piepmäusen eine gemütliche Atmosphäre. Die Wühlkiste, die mit den Tieren gefüllt und nun verschlossen ist, steht in der Kreismitte. Die Kinder setzen sich darum und durchsuchen die Kiste. Die Tiere werden als Klaras neue Freunde vorgestellt. Danach wird das bekannte und ritualisierte Begrüßungslied „Wir kommen heut' zusammen" mit etwas verändertem Text gesungen. Er ist auf die in der Kiste versteckten Tiere abgestimmt.

Einstieg

Wir kommen heut' zusammen

Begrüßungslied *(Melodie: „Ich bin ein Musikante", Noten S. 18, Text: Ingrid Biermann)*

Refrain: Wir kommen heut' zusammen und wollen fröhlich sein *(2x)*.

1. Wir können quaken, ganz laut nun quaken *(2x)*,
quak, quak, quak … *(2x)*.

2. Wir können summen, ganz laut nun summen *(2x)*,
summ, summ, summ … *(2x)*.

3. Wir können piepsen, ganz laut nun piepsen *(2x)*,
piep, piep, piep … *(2x)*.

Nachdem das etwas veränderte Begrüßungslied gesungen worden ist, lauschen die Kinder der Klarageschichte. Während des Erzählens können sie die Geräusche der Tiere bereits nachahmen, wenn diese im Text genannt werden.

Anleitung

Eines Morgens, als Klaras Kinder noch schlafen, hört Klara draußen ein ganz lautes QUAKEN. Neugierig schaut sie aus ihrem Mauseloch und entdeckt auf der Wiese viele Frösche. Sie hüpfen und QUAKEN ohne Pause. Klara setzt

Geschichte

sich auf einen Stein und hört dem QUAKENDEN Froschkonzert zu. Kurze Zeit später sieht und hört sie noch mehr Wiesenbewohner. Sie sieht viele Bienen, die laut SUMMEN und SURREN, sie sieht Vögel, die fliegen und laut PIEPEN.

Klara freut sich über die vielen neuen Wiesenbewohner. Ihre Mäusekinder sind von dem lauten SUMMEN, PIEPEN und QUAKEN wach geworden. Sie schauen neugierig aus dem Mauseloch und sehen ihre neuen Freunde. Den ganzen Tag spielen die Mäuse mit den neuen Freunden. Am Abend sitzen sie zusammen unter einem großen Baum und machen ein großes Tierkonzert. Sie QUAKEN, PIEPEN und SUMMEN gemeinsam, bis sie müde sind. Dann legen sich alle Tiere schlafen.

Schluss

Das veränderte Begrüßungslied kann wiederholt werden und die Kinder führen dazu die Bewegungen aus.

Variation

Das Angebot wird zu einer Bewegungsgeschichte. Die Kinder bewegen sich dem Text entsprechend und machen dazu das jeweilige Tiergeräusch.

Klara und ihre musikalischen Freunde

Finger- und Bewegungsspiele: Vom Schnattern, Miauen und Muhen

Unmittelbar greifbar sind die klassischen Tiere wie Enten, Katzen oder auch bei Auflügen in die Umgebung die Kühe. Die Kleinsten lernen sie schon früh kennen und ahmen oft eher das entsprechende Geräusch nach, bevor sie das passende Wort abrufbar haben. Die Impulse laden zu vielen schwungvollen und freudvollen Aktionen ein.

Das ist die Katze, die macht miau

Fingerspiel

Wühlkiste, Stofftiere oder Bilder von Tieren (Katze, Frosch, Kuh, Hund, Maus), grünes Tuch, Zauberstab, eine Auswahl an Küchenklangutensilien wie z. B. Holzlöffel, Töpfe usw., ein Materialkorb

Material

Die Kinder sitzen im Kreis um die Wühlkiste und die Klangutensilien stehen griffbereit. Die Kinder durchsuchen die Kiste und jedes findet entweder ein Stofftier oder ein Tierbild. Nun können sie sich zunächst damit beschäftigen sowie Bewegungen und Geräusche der Tiere nachspielen.

Anleitung

Jedes Kind setzt sich wieder mit seinem Stofftier oder Bild in den Kreis. Die Erzieherin spricht die Verse und die Kinder, die das entsprechende Tier haben, heben es in die Höhe und machen dabei das Tiergeräusch. Danach verzaubert die Erzieherin mit dem Stab ihre Finger und führt den Text mit den Fingern vor. Dabei zeigt sie pro Strophe einen Finger, beginnend mit dem Daumen. In der letzten Strophe wird der kleine Finger als Maus gezeigt, bei „und alle Tiere haben sich lieb" wird schließlich die Hand zur Faust geschlossen.

1. Das ist die Katze, die macht miau,
ihr Fell ist weich und dunkelgrau.

Vers

2. Das ist der Frosch, der macht quak-quak,
er hüpft herum den ganzen Tag.

3. Das ist die Kuh, die macht muh-muh,
sie macht die Augen auf und zu.

4. Das ist der Hund, der macht wau-wau,
er ist wachsam und auch schlau.

5. Das ist die Maus, die macht piep-piep,
und alle Tiere haben sich lieb.

Variation

Die Erzieherin verzaubert die Finger der Kinder. Sie spricht den Text und die Kleinsten können nun versuchen, die Finger jeweils zur passenden Strophe zu zeigen.

Aufbauimpuls

Klangspiel: Die Kinder nehmen sich ein Stofftier oder ein Bild eines Tieres und holen sich Klangutensilien. Die Katze kann durch die Flaschenrassel, der Frosch durch die Esslöffel sowie die Kuh durch die Rührschüssel und die Holzlöffel dargestellt werden. Mit dem Eimer und einem Holzlöffel wird der Hund und mit einer Dose gefüllt mit Erbsen die Maus hörbar. Nun kann versucht werden, das Fingerspiel als Klangspiel durchzuführen. Die Erzieherin spricht den Text, sie geht zu dem Kind mit dem entsprechenden Tier oder der Tierkarte. Die Kinder spielen die Klangutensilien.

Miau, miau, miaus

Bewegungsspiel

Katze als Stoff-, Gummi- oder Holztier, Wühlkiste, grüne Papierstücke, Zauberstab, einen Schuhkarton, für jedes Kind einen Hocker, große grüne Decke

Aus dem Schuhkarton hat die Erzieherin ein Katzenhaus gestaltet. Die Kinder sitzen um die Wühlkiste, die mit grünem Papier gefüllt ist, das frisches Gras darstellen soll. Darin liegt die Katze.
Die Erzieherin lädt die Kinder zum Durchsuchen ein. Die Katze kann nun gestreichelt werden und Bewegungen und Geräusche werden nachgeahmt. Die Erzieherin spricht betont und rhythmisch folgenden Vers und bewegt die Katze entsprechend.

1. Miau, miau, miaus
die Katze schleicht ums Haus.

2. Miau, miau, mium,
sie dreht sich wieder um.

3. Sie klettert auf das Haus,
hier sieht es sehr hoch aus.

4. Sie springt ins frische Gras,
das macht ihr sehr viel Spaß.

5. Miau, miau, miaus,
jetzt ruht sie sich lang aus.

Die Kinder werden mit dem Zauberstab in Katzen verwandelt. Die Erzieherin legt eine große grüne Decke in den Raum, um die Wiese darzustellen, während der Hocker das Katzenhaus symbolisiert. Die Kinder bewegen sich dem Vers entsprechend.

- Der Text wird von der Erzieherin laut, leise, schnell oder langsam vorgetragen und die Kinder spielen ihn als Rollenspiel nach.
- Bei gutem Wetter kann der Vers auch auf der Wiese nachgespielt werden.

Pick-Pick, das kleine Huhn

Mitmachvers

Material

Wühlkiste, Körner, mehrere kleine Plastikflaschen, Korb, kleine Wanne, für jedes Kind zwei Klangstäbe und ein hart gekochtes Ei

Vorbereitung

Am Tag vorher werden die Eier hart gekocht.

Anleitung

In der Wühlkiste sind die hart gekochten Eier versteckt. Die Kinder durchsuchen sie und jedes findet ein Ei. Die Erzieherin erzählt, dass sie vom Huhn Pick-Pick kommen. Die Kinder legen ihren Fund in einen kleinen Korb. Die Erzieherin stellt nun durch den Vers das Huhn Pick-Pick vor. Bei den Worten „Pick-Pick" klatscht sie in die Hände und lädt die Kinder zum Mitmachen ein. Sie spricht den Vers schnell, langsam, hoch, tief, laut oder auch leise.

Vers

1. Pick-Pick, das kleine Huhn,
hat am Tage viel zu tun,
pickt Körner immerzu
und legt sich dann zur Ruh'.

2. Pick-Pick, das kleine Huhn,
hat am Tage viel zu tun,
legt Eier immerzu
und legt sich dann zur Ruh'.

Variation

Die Körner werden in eine Wanne geschüttet und die Kinder durchwühlen sie. Dabei lauschen sie den Geräuschen. Nun befüllen sie die Plastikflaschen mit dem Futter. Die Erzieherin hilft beim Verschließen, sodass Rasseln entstehen. Die Kinder begleiten den Vers mit ihren Instrumenten. Zum Abschluss pellen und essen die Kinder die Eier.

Aufbauimpuls

Orffinstrumente: Die Kinder bekommen zwei Klangstäbe in die Hände und können sie nun bei „Pick-Pick" aneinanderschlagen und den Text damit begleiten.

Sechs Enten schnattern immerzu

Mitmachvers

Material

Wühlkiste, blaues Tuch, eine Wanne mit Wasser, für jedes Kind eine Plastikente

Anleitung

Die Kinder sitzen im Kreis um die Wühlkiste mit den Plastikenten. Sie werden zum Suchen eingeladen. Haben die Kinder eine Ente gefunden, machen sie die Geräusche nach und können mit der Ente eine Zeit lang spielen. Danach setzen sie die Tiere auf ein blaues Tuch, das das Wasser symbolisieren soll. Sie lauschen dem Vers und schnattern dazu. In der Wiederholung wird der Text laut und leise gesprochen.

Hinweis

Die genannte Entenzahl soll der Kinderanzahl in der Gruppe angepasst werden.

Vers

Sechs Enten schnattern laut (leis') herum,
sechs Enten, die sind niemals stumm,
sechs Enten schnattern immerzu,
sechs Enten schlafen, brauchen Ruh'.

Schluss

Die Kinder spielen zum Abschluss einen Entenchor. Die Erzieherin legt ihre Hände aufeinander, um einen Entenschnabel nachzuahmen. Liegen die Hände dicht zusammen, so sind die Entenkinder still. Öffnet sie die Hände, dann schnattern sie. Das Zeichen wechselt in einem beliebigen Rhythmus und so entsteht der Entenchor.

Variation

Die Erzieherin füllt eine Wanne mit Wasser und die Kinder können mit den Enten spielen.

Tanz der Vögel

Bewegungsspiel

Material

Wühlkiste, Zauberstab, klassische Musik, CD-Spieler, für jedes Kind zwei Chiffontücher

Anleitung

Die Kinder sitzen im Kreis um die Wühlkiste, in der sich je ein Tuch pro Kind befindet. Die Kinder suchen und finden es. Die anderen Tücher werden in den Kreis geholt. Mit diesem Material können die Kinder Vogelflügel nachahmen. Alle gehen an das Fenster, das nach Möglichkeit geöffnet wird, oder direkt in den Garten hinaus. Dort können die Kinder Vögel beobachten. Die Erzieherin verwandelt sie mit dem Zauberstab in die Tiere. In einem Spiel üben sie das dichte Zusammenfliegen und das freie Fliegen. Die Erzieherin gibt entsprechende Fluganweisungen. Dann spricht sie den Vers und die Kinder bewegen sich, wie es im Text vorgegeben ist, und ahmen das Zwitschern der Vögel durch Laute wie „tschilp-tschilp", „piep-piep" oder „kuckuck" nach. In der dritten Strophe verstecken sich alle, wenn es heißt, dass die Vögel fortfliegen.

Vers

1. Vögel, die fliegen im Sonnenschein,
ganz dicht zusammen und nie allein.

2. Ihr Zwitschern hört man hier und da,
ihr Gesang ist laut (leis') und klar.

3. Sie fliegen laut (leis') von Ort zu Ort
und ganz laut (leis') fliegen sie dann fort.

Variationen

- Die Strophen werden in den Wiederholungen laut und leise gesprochen.
- Die Kinder werden eingeladen, nach klassischer Musik wie Vögel zu tanzen.

Muh, muh, muh, die Kuh muht immerzu

Mitmachvers

Kuh als Stofftier, Wühlkiste, Zauberstab, für jedes Kind eine Sitzmatte, ein kleines Glas Milch und einen Trinkhalm

Material

Die Kinder sitzen im Kreis auf ihren Matten um die Kiste. Sie werden zum Durchsuchen eingeladen. Wenn sie die Kuh gefunden haben, werden die Bewegungen und Geräusche imitiert. Die Erzieherin verwandelt die Kinder mit dem Zauberstab in Kühe. Sie spricht den Vers mehrmals sowohl laut als auch leise und die Kleinsten spielen alles entsprechend nach.

Anleitung

Muh, muh, muh, die Kuh muht immerzu
sie muht so laut (leis') von früh bis spät,
so lange, bis sie schlafen geht.
Muh, muh, muh, die Kuh muht immerzu.

Vers

Die Kinder trinken mit oder ohne Trinkhalm ein Glas Milch.

Schluss

Der Sprechvers kann auf die Melodie „A, a, a, der Winter, der ist da" gesungen werden.

Variation

Muh
Wau!

Finger- und Bewegungsspiele: Vom Schnattern, Miauen und Muhen

Mitmach- und Bewegungsverse: Schmatzen und Summen

Kleine Tiere werden oft von den Kleinsten begeistert entdeckt und wahrgenommen. Die Auseinandersetzung mit diesen Erfahrungen findet auch über die Welt der Geräusche statt. Schmatzen und Summen fordern zum Nachahmen und aktiven Mitmachen heraus.

Schmatz, die Raupe

Mitmachvers

Material

Schuhkarton, dicke Wollfäden, Schere, Zauberstab, grüne Papierschnipsel in unterschiedlichen Größen

Vorbereitung

Die Erzieherin schneidet in den Schuhkarton mit der Schere einige, kleine Löcher. Dort hinein steckt sie für jedes Kind einen dicken Wollfaden. Die Fäden schauen mit einem kurzen Teil aus den Löchern. Die grünen Papierschnipsel symbolisieren Blätter. Sie werden in den Karton gelegt, der verschlossen wird. Einige Schnipsel werden in die Kreismitte gelegt.

Anleitung

Die Erzieherin zeigt den Kindern den Karton. Es ist die Wohnung der Raupe Schmatz, die mit ihren Freunden darin lebt. Die Erzieherin zieht einen Faden heraus und spricht den Mitmachvers. Dabei bewegt sie den Faden über den Blätterberg und schmatzt am Ende jeder Zeile. Dazu kann sie auch die Kinder einladen. Die erste Strophe wird beliebig oft wiederholt. Will die Erzieherin das Spiel beenden, so spricht sie die zweite Strophe.
Nun ziehen die Kinder einen Wollfaden aus dem Karton. Die Papierschnipsel, die die Blätter symbolisieren, werden aus dem Karton im Kreis verteilt. Der Vers wird beliebig oft wiederholt und gespielt. Dabei kann laut, leise, hoch, tief, schnell oder langsam gesprochen werden.

Vers

1. Schmatz, die Raupe frisst sich satt *(schmatzen)*
an einem frischen, grünen Blatt. *(schmatzen)*
Schmatz, die Raupe, mag das sehr, *(schmatzen)*
Schmatz, die Raupe, will noch mehr. *(schmatzen)*

2. Schmatz, die Raupe ist nun satt *(nicht mehr schmatzen)*,
sie mag kein frisches, grünes Blatt *(nicht schmatzen)*.
Schmatz, die Raupe, braucht nun Ruh'
und macht ihre Augen zu.

Die Kinder spielen die Raupe. Nachdem die Erzieherin sie mit dem Zauberstab symbolisch in die Kriechtiere verwandelt hat, spricht sie den Vers, während die Kinder von Blatt zu Blatt kriechen und schmatzen.

Variation

Viele Bienen hört man summen

Mitmachvers

Material

Glocke, grüne Decke, Biene als Stofftier, Weidenkorb, Zauberstab, Honig, evtl. Löffel für jedes Kind

Anleitung

Die Kinder sitzen im Kreis um den Weidenkorb, der umgedreht auf einer grünen Decke steht. Die Biene ist darunter versteckt. Die Erzieherin holt summend die Biene unter dem Korb hervor und erzählt etwas über die Geräusche dieser Insekten. Die Kinder summen alle laut und leise. Die Erzieherin gibt Anweisungen mit dem Zeigefinger. Liegt er auf ihrem Mund, summen die Kinder leise, nimmt sie ihn weg, summen sie laut. Nun werden die Kinder mit dem Zauberstab in kleine Bienen verwandelt und die Erzieherin spricht den Vers zweimal. Die Kinder summen zuerst laut, dann leise entsprechend dem Text. Das kann beliebig oft wiederholt werden. Zum Abschluss können die Kinder mit den Löffeln Honig probieren.

Vers

Viele Bienen hört man summen,
laut (leis') und fröhlich ist ihr Summen,
summ, summ, summ, so heißt ihr Lied,
summ, summ, summ, komm, summ laut (leis') mit.

Variation

Der Text wird in der Wiederholung mit Bewegung umgesetzt.

Die Biene Sumsebrum

Bewegungsvers

ein Glas Honig, Zauberstab, für jedes Kind einen kleinen Löffel und eine Sitzmatte

Die Kinder sitzen am Tisch. Sie werden eingeladen, sich mit dem kleinen Löffel etwas Honig aus dem Glas zu holen und ihn laut schmatzend zu genießen. Die Erzieherin erzählt, dass dies Honig von der Biene Sumsebrum ist. Sie summt den ganzen Tag herum und sucht nach Blütenstaub. Die Kinder können das Summen von Sumsebrum imitieren. Die Erzieherin verwandelt die Kinder mit dem Zauberstab in kleine Bienen. Sie legt die Sitzmatten zu einem Bienenhaus zusammen. Danach suchen sich die Kinder darin einen Platz. Sie spielen den Vers, den die Erzieherin mehrmals mit unterschiedlichem Text vorträgt, und summen mit.

Die kleine Biene Sumsebrum,
fliegt langsam (ganz schnell) um ihr Haus herum.
Sie summt laut und dann auch leise,
sie macht heute eine Reise.
Sie ruht sich auf der Blume aus
und fliegt langsam (ganz schnell) dann nach Haus.

Lieder und Zungenbrecher:
Singen, Tanzen und Sprechen

Das Thema Tiere spricht Kinder sehr an und mit viel Freude ahmen sie die Bewegungen und Geräusche nach. Singen, tanzen, sprechen und mit Instrumenten spielen ist eine Erfahrung, die den Kleinen in diesem Kapitel viele neue musikalische Eindrücke vermittelt.

Viele kleine Tiere

Mitmachlied *(Melodie: „Hänsel und Gretel", Text: Ingrid Biermann)*
Tierkarten (Maus, Vogel, Frosch), Rasseln, Klangstäbe

Material

Anleitung

Die Kinder sitzen im Kreis. Die Tierkarten liegen mit dem Bild nach unten auf dem Boden. Die Erzieherin lädt die Kinder ein, nacheinander eine Karte umzudrehen. Die Kinder können zunächst die Stimmen der Tiere nachahmen. Dann singt die Erzieherin je nach Bild die entsprechende Liedstrophe. Bei der Wiederholung singen die Kinder mit und begleiten das Lied rhythmisch durch Klatschen. Will die Erzieherin das Spiel beenden, singt sie die letzte Strophe. Die Kinder können sich entsprechend durch den Raum bewegen.

1. Vie-le klei-ne Frö-sche, die hüp-fen froh um-her.
Vie-le klei-ne Frö-sche, die mö-gen Hüp-fen sehr. Doch
a-bends sind sie mü-de und hüp-fen dann nach Haus,
ruh'n sich im Bett-chen die gan-ze Nacht nun aus.

2. Viele kleine Mäuse, die krabbeln froh umher,
viele kleine Mäuse, die mögen Krabbeln sehr.
Doch abends sind sie müde und krabbeln dann nach Haus,
ruh'n sich im Bettchen die ganze Nacht nun aus.

3. Viele kleine Vögel, die fliegen froh umher,
viele kleine Vögel, die mögen Fliegen sehr.
Doch abends sind sie müde und fliegen dann nach Haus,
ruh'n sich im Bettchen die ganze Nacht nun aus.

4. Viele kleine Kinder, die laufen froh umher,
viele kleine Kinder, die mögen Laufen sehr.
Doch abends sind sie müde und laufen dann nach Haus,
ruh'n sich im Bettchen die ganze Nacht nun aus.

Variationen

- Das Lied kann mehrmals laut und leise gesungen werden.
- Orffinstrumente: Das Lied wird zuerst mit Rasseln, danach mit Klangstäben begleitet.

Kleine Biene, flieg herum

Mitmachlied *(Melodie: „Brüderchen, komm, tanz mit mir", Noten, S. 20, Text: Ingrid Biermann)*

Material

gelbe und schwarze Tücher, CD-Spieler, klassische Musik, Poster mit Bienen, weißes Tuch, Zauberstab, für jedes Kind einen Gymnastikreifen

Anleitung

Die Reifen werden wie Waben aneinandergelegt und stellen so den Bienenstock dar. Das Poster liegt auf einem Tisch und ist mit einem weißen Tuch abgedeckt. Die Kinder stellen sich um den Tisch, langsam wird das weiße Tuch entfernt und das Bienenbild kommt zum Vorschein. Die Erzieherin lädt die Kinder ein, auch Bienen zu sein. Sie verwandelt sie mit dem Zauberstab, gibt ihnen je ein gelbes und ein schwarzes Tuch in die Hand. Die Kinder können wie Bienen durch den Raum fliegen und dabei summen. Zum Schluss kommen sie in den Bienenstock (Reifen) zurück. Nun singt die Erzieherin das Lied und die Kinder spielen den Text.
Die erste Strophe wird mehrmals wiederholt, dabei wird die Lautstärke jeweils variiert. Will die Erzieherin das Spiel beenden, dann singt sie die zweite Strophe.

Vers

1. Kleine Biene, flieg herum,
flieg herum mit viel Gesumm,
flieg herum, flieg herum,
leise (ganz laut) machst du summ, summ, summ.

2. Kleine Biene, flieg nach Haus,
ruhe dich dort lange aus,
schlaf dich aus, schlaf dich aus,
morgen fliegst du wieder raus.

Schluss

Es wird klassische Musik angestellt und die Kinder fliegen wie Bienen im Raum umher. Ist die Musik aus, dann fliegen sie in ihren Bienenstock. Weniger wild wird es, wenn die Kinder einfach stehen bleiben, sobald die Musik stoppt, und erst zum Schluss nach Hause fliegen.

Schau, die kleine Piepmaus

Mitmachvers

Zauberstab, eine Piepmaus, für jedes Kind einen Gymnastikreifen

Die Kinder sitzen in ihrem Reifen und die Erzieherin erzählt, dass Klaras Piepmäuse immer ganz viel Hunger haben und auf Futtersuche sind. Sie spricht die ersten zwei Strophen des Verses in einer selbst erfundenen Singsangmelodie und spielt sie mit einer genähten Klingelmaus nach. Die Kinder werden eingeladen, dazu zu klatschen. Danach werden sie in kleine Piepmäuse verwandelt. Sie krabbeln durch den Raum und spielen pantomimisch die Futtersuche. Die Erzieherin spricht die ersten zwei Strophen ganz leise und am Ende der zweiten Strophe laufen die Kinder wieder in ihren Reifen. Der Vers kann mehrmals wiederholt werden. Soll das Spiel beendet werden, wird die dritte Strophe gesprochen und die Kinder ruhen sich danach in ihrem Reifen aus.

1. Schau, die kleine Piepmaus
läuft aus ihrem Haus,
läuft ganz schnell, läuft ganz schnell,
weil sie Futter suchen will.

2. Schau, die kleine Piepmaus
läuft aus ihrem Haus,
läuft ganz schnell, läuft ganz schnell,
ins Haus, weil sie nun fressen will.

3. Schau die kleine Piepmaus
schläft in ihrem Haus,
ist ganz still, ist ganz still,
weil sie lange schlafen will.

- Der Vers wird bei der Wiederholung langsam oder schnell gesprochen.
- Die Kinder veranstalten ein Piepkonzert. Hebt die Erzieherin den Zauberstab, so piepsen alle ganz laut, senkt sie ihn, dann sind die Piepmäuse still. Das Konzert kann mehrmals wiederholt werden. So entsteht bei den Kindern ein Gefühl für Rhythmus.

Die Schni-Schna-Schnecke

Zungenbrecher

Schneckenbild, Klangstäbe, Topfschwämme mit einer Scheuerseite, einige Tücher, Zauberstab, CD-Spieler, klassische Musik, für jedes Kind eine Sitzmatte

Material

Das Schneckenbild liegt im Kreis und ist mit Tüchern abgedeckt. Die Kinder entfernen die Tücher und erkennen eine Schnecke. Mit dem Zauberstab verwandelt die Erzieherin die Kinder in Schnecken und sie suchen sich im Raum einen Platz. Dort ist ihr Schneckenhaus. Die Erzieherin bringt ihnen eine Sitzmatte, die ihr Haus symbolisiert. Nun lädt sie die Kinder ein, dem Text entsprechend durch den Raum zu kriechen. Dabei spricht sie den Zungenbrecher. Die ersten zwei Strophen werden häufig wiederholt, sodass die Kinder kleine Teile bald mitsprechen können. Die Strophen können laut, leise, langsam oder schnell gesprochen werden. Möchte die Erzieherin das Spiel beenden, spricht sie die letzten beiden Strophen und die Kinder bewegen sich zurück auf ihren Teppich.

Anleitung

1. Die Schni-Schna-Schnecke,
die kriecht heut' eine Strecke.

2. Die Schni-Schna-Schnecke,
kommt langsam nur vom Flecke.

3. Die Schni-Schna-Schnecke,
die kriecht nun in ihr Haus.

4. Die Schni-Schna-Schnecke,
ruht sich dort lange aus.

Vers

- Mitmachvers: Die einzelnen Worte können durch eine Handbewegung dargestellt werden, zum Beispiel „Schni" = Hände hochhalten, „Schna" = Hände auf die Oberschenkel legen, „Schnecke" = zweimal klatschen.
- Geräuschvers: Die Topfschwämme werden verteilt. Die Kinder reiben die Scheuerseiten aneinander und der Text wird erneut gesprochen.
- Singsangvers: Die Erzieherin denkt sich eine Sprechmelodie aus, mit der der Vers vorgetragen wird. Die Kinder bewegen ihre flache Hand und ziehen sie über den Boden, die Wand oder das Fenster.
- Stoppspielvers: Die Erzieherin lässt eine ruhige, klassische Musik laufen. Die Kinder kriechen danach durch den Raum. Immer wenn die Musik stoppt, bleiben die Kinder stehen.
- Körperspielvers: Klassische Musik läuft im Hintergrund und die Erzieherin zieht mit der flachen Hand über den Körper eines Kindes.

Zwerg Klingklang

Fingerspiel

Zwerg Klingklang, verschiedene orffsche Instrumente (Trommeln, Klangstäbe, Schellenkranz), Gymnastikreifen für jedes Kind, Hocker oder Bänke

Die Kinder sitzen im Kreis. Die Erzieherin stellt den Zwerg noch einmal vor, spricht und spielt dann die Verse. Die Kinder können bereits mitmachen oder in der nächsten Runde einsteigen.

Zwerg Klingklang, dieser frohe Zwerg *(Zeigefinger zeigen)*,
er klettert heut' auf einen Berg
(mit dem Finger über den Körper bis auf den Kopf laufen),
springt fröhlich hin und auch mal her
(mit dem Finger auf dem Kopf hin und her springen)
und rundherum ist auch nicht schwer
(mit dem Finger den Kopf umkreisen).

Er wackelt mit der Zipfelmütze *(mit den Händen eine Zipfelmütze bilden, über den Kopf halten, Kopf und Hand hin und her bewegen)*
und hüpft ganz schnell in eine Pfütze
(mit dem Finger auf den Oberschenkel springen).
Er hüpft vergnügt und läuft nach Haus
(mit dem Finger auf dem Oberschenkel hüpfen),
zieht seine nassen Socken aus
(pantomimisch die Socken ausziehen).

Aufbauimpulse

- Das Fingerspiel kann zu einem Bewegungsspiel werden. Dazu baut die Erzieherin eine Bewegungslandschaft aus den Hockern, Bänken und Decken auf, die jeweils den Berg und die Pfützen darstellen sollen. Die Kinder sitzen zu Beginn in ihren Gymnastikreifen, die das Haus symbolisieren. Wenn die Erzieherin den Vers zu sprechen beginnt, starten die Kinder mit den entsprechenden Bewegungen.
- Das Bewegungsspiel kann auch in den Garten verlegt werden. Falls Pfützen vorhanden sind, können diese genutzt werden. Allerdings sollten die Kinder dann auch wetterfeste Kleidung tragen.

Geschichten:
Rund ums Tier

Jede Geschichte birgt auch eine Klang- und Geräuschwelt in sich. Diese zu entdecken helfen Klara, die Piepmäuse und ihre tierischen Freunde.

Das Geburtstagsfest

Mitmachgeschichte

Material

eine Piepmaus, Tiere aus Stoff, Holz oder Gummi (Kuh, Frosch, Katze, Hund), Wühlkiste, kleines Kissen, Kuchen, Messer, Teller, Decken, Kissen

Vorbereitung

Am Tag vorher wird mit den Kindern ein Kuchen gebacken.

Anleitung

Die Kinder sitzen im Kreis, der mit Decken und Kissen gemütlich hergerichtet ist. Der Kuchen, das Messer und die Teller stehen griffbereit, aber nicht sichtbar im Raum. In der Kreismitte steht die Wühlkiste mit den Tieren. Die Piepmaus, die Klarina genannt wird, liegt auf einem kleinen Kissen neben der Erzieherin. Klarina verrät den Kindern, dass sie heute Geburtstag hat und viele Freunde eingeladen sind. Diese schlafen noch in der Kiste. Die Kinder werden zum Suchen eingeladen. Sind alle Tiere gefunden, so werden die Geräusche und auch die Bewegungen nachgespielt. Die Tiere werden zu Klarina gelegt und alle lauschen nun der Geschichte.

Geschichte

Klaras Mausekind, die kleine Klarina hat Geburtstag. Sie wird drei Jahre und zu ihrem Fest hat sie ihre Freunde eingeladen. Die Kuh MUH, der Frosch QUAK, die Katze MIAU und der Hund WAU kommen zu ihrem Fest. Klara hat einen Kuchen gebacken, der allen Gästen gut schmeckt. Nachdem die Freunde satt sind, spielen MUH, QUAK, MIAU, WAU und Klarina den ganzen Nachmittag auf der Wiese. Sie haben viel Spaß zusammen.

Sie laufen und muhen, sie hüpfen und quaken, sie schleichen und miauen, sie rennen und bellen und sie laufen und piepsen.

Erst am Abend verabschieden sich die Freunde und die Kuh MUH geht nach Hause, der Frosch QUAK hüpft nach Hause, die Katze MIAU schleicht nach Hause, der Hund WAU rennt nach Hause und Klarina legt sich in ihr Mäusebett und schläft zufrieden ein.

Die Kiste wird wieder verschlossen und die Kinder essen gemeinsam den Geburtstagskuchen.

Schluss

Je nach Interesse der Kinder kann der Bewegungs- und Geräuschteil der Geschichte mehrmals wiederholt werden.

Variation

Die Stimmen und Namen der Tiere werden dem Text entsprechend nachgeahmt. Gleiches gilt für die Bewegungen. Wenn die Tiere in der Geschichte nach Hause gehen, werden sie nacheinander wieder in die Kiste zurückgelegt, Klarina liegt wieder auf dem Kissen.

Aufbauimpuls

Miez und Matz, die Katzen

Mitmachgeschichte

Material

Gymnastikbank, Gymnastikmatte, mehrere Stühle, Tisch, zwei Stofftierkatzen, Piepmäuse, Wühlkiste, für jedes Kind eine Sitzmatte

Anleitung

Die Kinder sitzen auf ihren Matten im Kreis um die Wühlkiste, in der die beiden Stofftierkatzen versteckt sind. Nachdem die Kinder sie gefunden haben, stellt die Erzieherin sie als Miez und Matz vor. Alle können die Geräusche und die Bewegungen der Katzen nachspielen. Sie werden eingeladen, der Geschichte zuzuhören.

Geschichte

Die Mäusekinder freuen sich heute ganz besonders, weil sie von den Katzen Miez und Matz besucht werden. Fast jeden Tag kommen die beiden zum Mauseloch und holen die Mäusekinder ab.

Dann geht es los: Sie laufen hintereinander her *(krabbeln)*. Vor Freude PIEPSEN mal die Mäuse, so laut sie können und mal MIAUEN die Katzen, so laut sie können. Die Katzen und Mäuse laufen über Mauern *(über eine Gymnastikbank krabbeln)*, krabbeln durch enge Rohre *(durch eine Stuhlreihe krabbeln)*, klettern auf Bäume *(auf den Tisch klettern)* und springen, schwups, in die grüne Wiese *(auf eine Matte springen)*. Dann hört man wieder ganz laut die Mäuse PIEPSEN und die Katzen MIAUEN.

Erst am Abend bringen die Katzen die Mäuse wieder nach Hause und unterwegs PIEPSEN die Mäuse ganz leise und die Katzen MIAUEN ganz leise. Müde schlafen die Katzen Miez und Matz und die Piepmäuse ein *(Kinder setzen oder legen sich auf ihre Matte)*.

Die Kinder bauen mit der Erzieherin die Bewegungslandschaft auf. Nun wird die Geschichte erzählt und gemeinsam mit Geräuschen sowie Bewegungen nachgespielt.

Aufbauimpuls

Je nach Interesse der Kinder kann der Bewegungs- und Geräuschteil der Geschichte mehrmals wiederholt werden.

Variation

Der Zwerg Klingklang und sein Freund Bumbum

Klanggeschichte

Wühlkiste, Zwerg Klingklang, Eichhörnchen als Kuscheltier, mehrere Glocken, Plastikeimer und Holzlöffel, für jedes Kind einen Hocker

Material

Das Eichhörnchen wird in der Wühlkiste versteckt. Die Geräuschinstrumente und der Zwerg liegen griffbereit.

Vorbereitung

Die Kinder sitzen im Kreis und durchsuchen die Kiste. Sie entdecken ein Eichhörnchen. Ein Eimer, ein Glöckchen und ein Holzlöffel liegen für die Erzieherin griffbereit. Sie lädt zu einer Geschichte über Zwerg Klingklang ein und baut dabei die Geräusche ein. Spielt der Zwerg mit dem Glöckchen, so klingelt sie mit einer Glocke. Das Eichhörnchen ahmt sie mit einem Plastikeimer und einem Holzlöffel nach. Nachdem sie die Klanggeschichte erzählt hat, stellt sie die restlichen Eimer und Holzlöffel in die Mitte, damit die Kinder mit ihnen experimentieren können. Die Kinder bekommen nun auch unterschiedliche Glocken zur Verfügung gestellt. Sie können sie ausprobieren und ihren eigenen Glockenrhythmus erfinden.

Anleitung

Der Zwerg Klingklang geht an einem sonnigen Morgen mit einer Glocke auf die Wiese, um die Wiesentiere zu wecken. Als er sein helles und leises GLÖCKCHEN spielt, hört er plötzlich eine andere Musik. Aus einem Baum kam ein lautes und dunkles BUMBUM. Der Zwerg spielt erneut sein helles und leises GLÖCKCHEN, wieder hört er ein lautes und dunkles BUMBUM. Dieses Spiel wiederholt Klingklang immer wieder. Spielt er sein GLÖCKCHEN, dann hört er ein BUMBUM. Klingklang wird immer neugieriger und geht schließlich zum Baum. Dort entdeckt er das Eichhörnchen. Es schlägt mit seinem Schwanz immer gegen den Baumstamm, sodass ein BUMBUM zu

Geschichte

hören ist. Klingklang und Bumbum mögen sich sofort und werden Freunde. Von nun an wecken sie gemeinsam morgens die Wiesenbewohner mit ihrer Klingklang- und Bumbum-Musik *(Glocke, Holzlöffel, Eimer)*.

Variation

Die Kinder bekommen alle einen Eimer und einen Holzlöffel. Hebt die Erzieherin die Hand dann spielen die Kinder, senkt sie sie, dann pausieren sie. So entsteht ein eigener Rhythmus. Danach erhalten die Kinder die Glocken und das Spiel wird auf die gleiche Weise durchgeführt.

Aufbauimpulse

- Dirigentenspiel: Die Kinder werden in zwei Gruppen aufgeteilt mit unterschiedlichen Geräuschinstrumenten. Die Erzieherin ist die Dirigentin. Hebt sie eine Glocke, so spielen die Kinder mit den Glocken, hebt sie einen Holzlöffel, so spielen die Kinder mit Holzlöffel und Eimern.
- Singsangvers: Die Erzieherin erfindet eine eigene Sprechmelodie zum unteren Text. Die Kinder spielen, entsprechend dem Text, mit ihren Instrumenten. Die Erzieherin spricht und zeigt zur Unterstützung das entsprechende Geräuschinstrument. Die ersten beiden Strophen können mehrmals wiederholt werden. Soll das Spiel beendet werden, so wird die dritte Strophe gesprochen.

Vers

1. Klingklang, klingklang und bum, bum, bum,
wir spielen laut und sind nicht stumm.

2. Klingklang, bumbum, ertönt es heut',
das kleine Lied uns sehr erfreut.

3. Klingklang, klingklang und bum, bum, bum,
wir spielen leis' und sind nun stumm.

Klaras Kinder entdecken das Klingen und Knistern: Ideen mit Orffinstrumenten und Alltagsmaterialien

Sobald Kinder einen Stock, einen Schlüsselbund oder eine Dose in der Hand halten, experimentieren sie lustvoll. Ganz intuitiv suchen sie nach Geräuschquellen und erproben sehr intensiv Klangentwicklungen. Sie entfalten musikalische Kompetenzen und setzen sich mit den Gesetzmäßigkeiten von Kraft, Zeit und Raum aktiv auseinander. Sie probieren schnelle und langsame Rhythmen, laute, leise, hohe, lange und kurze Töne.

Alltagsmaterialien und das orffsche Instrumentarium helfen ihnen, unzählige, differenzierte Hör- und Bewegungserfahrungen zu sammeln. Dabei entdecken sie die Welt des Klangs in ihrer direkten Umgebung. Die Welt der Musik wird über diese Instrumente eröffnet. Es geht nicht nur um das Zuhören, sondern auch um das Selbstgestalten von Musik. Die Kinder fordern und fördern aktiv ihre Konzentrationsfähigkeit und stärken sich in der bewussten Verknüpfung der Sinneserfahrungen. Musik, Bewegung und Sprache werden in ihrer Einheit und in ihren kreativen Möglichkeiten erlebt. Die Kinder können die Angebote ausprobieren, wiederholen und verändern, über rhythmisches Sprechen etwa kann sich eine Melodie entwickeln, die dann von den Instrumenten begleitet und auch in Bewegung umgesetzt werden kann.

Die Freude am eigenen Experimentieren und am Improvisieren steht in den angegebenen Impulsen, wie rhythmische Verse, Mitmachgeschichten oder musikalische Märchen, immer im Vordergrund. Sie bestimmt den persönlichen Erfolg. Alle Angebote können wie immer gekürzt und verändert werden.

Klaras Kinder entdecken das Klingen und Knistern

Einstiegsgeschichte: Klaras Kinder entdecken das Klingen und Knistern

Material

Wühlkiste, viele unterschiedliche Papiersorten, Kissen, Decken, Klara, Piepmäuse, evtl. Hocker, für jedes Kind einen Topf und einen Kochlöffel, zwei Teelöffel und eine Plastikflaschenrassel (gefüllt mit Reis)

Anleitung

Die Wühlkiste wird mit vielen unterschiedlichen Papiersorten gefüllt. Der Sitzkreis wird mit Decken, Kissen und eventuell auch Hockern gestaltet. Die Kinder suchen sich einen bequemen Platz. Nach dem Begrüßungslied „Wir kommen heut' zusammen" erzählt die Erzieherin den Kindern eine Geschichte über Klara und ihre Piepmäuse. Danach verrät sie, dass nicht nur Klaras Papierkorb Knisterüberraschungen bietet. Sie lädt die Kinder dazu ein, in der Wühlkiste zu stöbern. Mit dem Papier machen sie unterschiedliche Geräuscherfahrungen, es entsteht eine „Knistermusik". Die Geschichte wird noch einmal erzählt: Dazu bekommen die Kinder ihre „Instrumente" und musizieren damit, wenn es im Text erwähnt wird, ebenso machen sie die Knistergeräusche nach.

Geschichte

Klaras Kinder können mit allem, was sie finden, Musik machen. In Klaras Küche gibt es wunderbare Musikinstrumente. So wird aus einem Topf eine Trommel, aus Löffeln werden klingende Stäbe, aus Plastikflaschen Rasseln. Heute haben Klaras Kinder ein neues Instrument entdeckt: Es ist Klaras Papierkorb. Sie wühlen in ihm herum und merken, dass das Papier wunderbare Knistergeräusche macht. Die Mäuse sind begeistert. Alle probieren, Geräusche mit dem Papier zu machen, es entsteht eine klangvolle Knistermusik. Klaras Kinder haben dabei so viel Freude, dass sie fast das Mittagessen vergessen. Klara muss sie heute dreimal rufen, bevor sie zum Essen kommen. Nach dem Mittagessen laufen sie schnell wieder zu ihrem Knisterkorb. Sie spielen mit dem Papier bis zum Abend. Müde, aber sehr zufrieden, gehen sie schlafen.

Aufbauimpuls

Bei den Entdeckungen in der Wühlkiste kann das Knisterlied „Knistern, knistern, knistern ist schön" gesungen werden.

Knistern, knistern, knistern ist schön

Mitmachlied *(Melodie: „Kuckuck, kuckuck", Text: Ingrid Biermann)*

Material
Wühlkiste, viele unterschiedliche Papiersorten

Anleitung
Die Wühlkiste wird mit vielen unterschiedlichen Papiersorten gefüllt. Die Erzieherin lädt die Kinder zu Knisterexperimenten ein. Während dieser Phase singt sie das Knisterlied. Die erste Strophe wird laut und die zweite Strophe wird leise gesungen und dementsprechend durch das Knistern begleitet. Die Erzieherin wiederholt sie nach Belieben. Will sie das Spiel beenden, so wird die letzte Strophe gesungen.

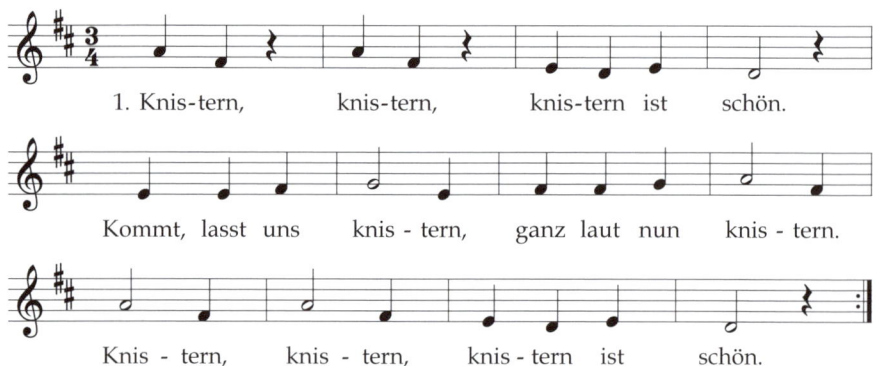

1. Knis-tern, knis-tern, knis-tern ist schön.

Kommt, lasst uns knis-tern, ganz laut nun knis-tern.

Knis-tern, knis-tern, knis-tern ist schön.

2. Knistern, knistern, knistern ist schön,
kommt, lasst uns knistern,
ganz leise knistern.
Knistern, knistern, knistern ist schön.

3. Knistern, knistern, knistern war schön,
wir machen Pause,
ganz lange Pause.
Knistern, knistern, knistern war schön.

Musikalische Märchen: Von Königinnen und Trolleys

Teile des Märchens mit Bewegungen, Geräuschen oder Instrumenten nachzuspielen, geben dem Kind die Möglichkeit sich in Personen oder Abläufe einzufinden. Sie machen ihre ersten Erfahrungen mit Rollenspielen.

Die Glockenkönigin und das rote Schloss

Darstellungsspiel

viele kleine Bastelglöckchen, bunte Kinderstirnbänder, große und kleine Zopfgummis, Nähzeug, je ein großes rotes und grünes Tuch, Tisch, eine große Taschenlampe, Beutel, Zauberstab

Material

An die Stirnbänder und die Zopfgummis werden Glöckchen genäht, sodass die Kinder diese über den Kopf, die Finger, die Hände oder (und) Füße ziehen können.

Vorbereitung

Die Erzieherin stellt einen Tisch in die Mitte und legt darüber ein großes, rotes Tuch. In diese Höhle, die später das rote Schloss darstellen soll, legt sie einen Beutel mit den Glockenbändern. Der Zauberstab und die Lampe liegen griffbereit. Die Erzieherin legt das grüne Tuch, das die Schlosswiese symbolisieren soll, aus und bittet die Kinder, darauf Platz zu nehmen. Sie zeigt mit der Taschenlampe auf die rote Höhle und erzählt ihnen das Märchen. Danach lädt sie die Kinder ein, Glockenkinder zu werden. Sie holt aus der Höhle den Beutel, sodass sie und die Kinder sich die Glockenbänder an Finger, Arme, Kopf und Füße anlegen können. Der Zauberstab verwandelt die Erzieherin in die Glockenkönigin und die anderen in Glockenkinder. Das Märchen wird nun als kleines Rollenspiel dargestellt. Die im Märchen genannten Handlungen werden von den Kindern pantomimisch umgesetzt.

Anleitung

In einem wunderschönen roten Schloss wohnt die Glockenkönigin mit ihren kleinen Glockenkindern. Die Königin heißt Glockenkönigin, weil sie viele Glöckchen an ihren Fingern, Armen und Beinen trägt. Die Kinder heißen Glockenkinder, weil auch sie viele Glöckchen an ihren Fingern, Armen und Beinen tragen. Wenn die Glockenkönigin mit ihren Glockenkindern im

Märchen

Schlossgarten spielt, hüpft und springt, dann hört man weit ins Land hinein zarte Glockentöne. Es hört sich an wie eine wunderbare Glockenmusik. Leise und laute Glockentöne erschallen und der Wind trägt die Klänge zu Menschen und Tieren. Fröhlich hüpfen und springen die Kinder mit der Königin im Schlossgarten umher. Erst am Abend, wenn der Mond das Schloss erleuchtet *(mit der Taschenlampe das Schloss erleuchten)*, gehen die Glockenkinder mit ihrer Glockenkönigin leise zurück ins Schloss *(Kinder und Erzieherin krabbeln leise unter den Tisch)*. Nun ist es ganz still im Glockenland, denn alle schlafen tief und fest.

Aufbauimpuls

Das Lied „Glockenkind, komm, tanz mit mir" kann gesungen werden.

Glockenkind, komm, tanz mit mir

Mitmachlied *(Melodie: „Brüderchen, komm, tanz mit mir", Noten, S. 20, Text: Ingrid Biermann)*

Anleitung

Die Kinder werden zu einem Glockentanz eingeladen. Die erste Strophe wird sowohl für die Hände als auch für die Füße gesungen und getanzt. Sie kann beliebig oft wiederholt werden. Wenn die Erzieherin den Tanz beenden möchte, singt sie die zweite Strophe. Die Kinder krabbeln unter den Tisch.

Tanz

1. Glockenkind, komm, tanz mit mir,
meine Hände (Füße) zeig ich dir,
hin und her, hin und her,
rundherum ist auch nicht schwer.

2. Glockenkinder geh'n nach Haus,
denn ihr Glockentanz ist aus.
seid schön still, seid schön still,
weil ein jedes schlafen will.

Trolley und Trollinchen

Mitmachgeschichte

Kindertrolley, unterschiedliche Holzblocktrommeln,
Löffel und Plastikrasseln,
zwei kleine Weichpuppen
aus der Babyabteilung als
Trolley und Trollinchen, eine
Schreibtischlampe, ein großes Tuch

Die Erzieherin füllt in den Trolley unterschiedliche Holzblocktrommeln, Plastikrasseln und Löffel sowie die beiden Weichpuppen. Diesen Koffer stellt sie in den Kreis, deckt ihn mit einem Tuch zu und stellt die Schreibtischlampe daneben. Sitzen die Kinder im Kreis, so baut die Erzieherin eine spannungsvolle Situation und Atmosphäre auf, indem sie Mimik, Gestik und die Beleuchtung entsprechend einsetzt. Sie entfernt das Tuch und erzählt, dass dieser Koffer ein besonderer ist, und lädt die Kinder zu einem Märchen ein.

Anleitung

Es war einmal ein ganz besonderes Haus. In diesem ganz besonderen Haus, dem Trolleyhaus, wohnten zwei ganz besondere Wesen: Trolley und Trollinchen. Sie waren so besonders, weil sie sehr, sehr gerne Musik machten. Mit ihrem Kofferhaus gingen sie durch die Welt und überall, wo sie kleine und große Menschen trafen, blieben sie stehen und musizierten. Trolley und Trollinchen machten leise und laute Musik, sie sangen leise und laute Lieder, summten mal leise und mal laut, klatschten mal leise und mal laut, stampften mal leise und mal laut und hatten viel Spaß bei ihrer Musik. Dadurch wurden die großen und kleinen Menschen ganz fröhlich.

Märchen

Die Erzieherin lädt die Kinder ein, alle Bewegungen und Geräusche aus dem Märchen gemeinsam mit ihr zu machen. Aus dem Erzähl- wird ein Bewegungsangebot.

Variation

Um den Spannungsbogen fortzusetzen, bietet es sich an, die Kinder zu dem Liedangebot „1, 2, 3, der Trolley kommt herbei" einzuladen, und so auch den Inhalt des Trolleys genauer kennenzulernen.

Aufbauimpuls

1, 2, 3, der Trolley kommt herbei

Mitmachlied *(Melodie: „A, B, C, die Katze lief im Schnee", Text: Ingrid Biermann)*

Material

Kindertrolley, unterschiedliche Holzblocktrommeln, Löffel und Plastikrasseln, zwei kleine Weichpuppen aus der Babyabteilung als Trolley und Trollinchen

Anleitung

Nachdem die Erzieherin das Märchen von „Trolley und Trollinchen" erzählt hat, öffnet sie das Kofferhaus und holt die beiden Weichpuppen heraus, die Trolley und Trollinchen darstellen. Sie singt dabei das Lied „1, 2, 3, Trolley kommt herbei". Die Kinder bekommen die Holzblocktrommeln, Löffel und Rasseln, die im Koffer versteckt waren, und machen Geräuschmusik. Sie singen und begleiten mit ihren Instrumenten das Lied. Will die Erzieherin die Spielphase beenden, so singt sie die vierte Strophe.

2. 1, 2, 3, Trollinchen kommt herbei,
sie macht Musik, komm, hör gut zu.
Musik machen, das kannst auch du,
1, 2, 3, Trollinchen kommt herbei.

3. 1, 2, 3, ihr Kinder kommt herbei,
Musik machen können wir,
zum Musikmachen sind wir hier,
1, 2, 3, ihr Kinder kommt herbei.

4. 1, 2, 3, das Spiel ist nun vorbei.
Trolley geht zurück ins Haus,
Trollinchen macht die Lichter aus.
1, 2, 3, das Spiel ist nun vorbei.

Die Klangwerkzeuge können in den Musiktrolley gepackt werden, der ab jetzt in jeden Spielkreis mit einbezogen werden kann.

Tipp

Der Trolley wird mit Orffinstrumenten gefüllt. Das Märchen und Lied wird wiederholt. Wenn die Erzähllandschaft noch aufgebaut ist, kann „Trolley und Trollinchen" noch einmal darin nachgespielt werden. Das Musizieren der beiden Figuren ist für die Kinder ein freudvoller Anlass zur Eigenaktivität und Variation. Sie können selbsterfundene Melodien und Rhythmen gestalten oder schon bekannte Lieder und Angebote aus den anderen Kapiteln wiederholen und ausbauen. Für die Kleinsten gibt die Erzieherin Impulse. Durch die unterschiedlichen Instrumente bekommen die Kinder immer wieder neue musikalische Eindrücke.

Aufbauimpuls

Mitmachlieder, Verse und Geschichten: Stampfen, Trommeln und Klingen

Alltagsmaterialien fordern die Kleinsten zum Experimentieren heraus. Die Wirkung eines Holzlöffels auf einem Kochtopf kann gar nicht oft genug ausprobiert werden. Das Stampfen, Trommeln und Rasseln fördert die Auseinandersetzung mit dem Grundschlag und dem Rhythmus. Ob Schuhe oder Orffinstrumente – die Klangerfahrung macht Freude.

Das Kochlöffeltrommelkonzert

Mitmachvers

Material

Wühlkiste, für jedes Kind einen Kochlöffel und Hocker

Anleitung

Die Kinder sitzen im Kreis auf ihrem Hocker. Die Kiste, mit je einem Kochlöffel für jedes Kind, steht in der Mitte. Die Kinder wühlen in der Kiste, bis sie den Löffel gefunden haben. Sie werden eingeladen, sich vor ihren Hocker zu knien. Die Erzieherin spricht den Vers und fordert die Kinder auf, mit dem Kochlöffel auf die Hockertrommel zu schlagen. Bei den Wiederholungen der ersten beiden Strophen, die unterschiedlich laut durchgeführt werden, suchen sich die Kinder neue Geräuschquellen wie Fußboden, Wand oder Tisch. Dementsprechend wird der Text in der ersten Strophe verändert. Der Vers kann beliebig oft wiederholt werden. Möchte die Erzieherin ihn beenden, dann spricht sie die dritte Strophe.

Vers

1. Der Stuhl (Wand, Tisch) ist meine Trommel, hört euch einmal an,
wie jeder jetzt ganz laut (leise) darauf trommeln kann.

2. Bumm, bumm, bumm, bumm, bumm, bumm,
die Trommel ist jetzt stumm. *(2x)*

3. Vom Trommeln bin ich müde, ich ruhe mich nun aus,
hol morgen aus der Kiste die Stäbe wieder raus.

- Die Strophen können auch hoch oder tief gesprochen werden. Dementsprechend muss der Text verändert werden.
- Die zweite Strophe wird rhythmisch gesprochen und gleichzeitig auf den Tisch oder an die Wand geschlagen.

Variationen

Die Schuhe sind die Trommeln

Mitmachlied *(Melodie: „Ich bin ein Musikante", Noten, S. 18, Text: Ingrid Biermann)*

Schuhe der Kinder, CD-Spieler, (afrikanische) Trommelmusik

Material

Die Kinder sitzen im Kreis. Ihre Schuhe liegen in der Mitte. Die Kinder suchen sich mit Hilfe der Erzieherin ihr Paar heraus, ziehen sie über ihre Hände und werden nun eingeladen, mit den Schuhen auf den Boden zu trommeln. Die Erzieherin singt dabei laut folgendes Lied.

Anleitung

Die Schuhe sind die Trommeln und spielen uns was vor *(2x)*,
laut sind die Trommeln *(2x)*,
bum, bum, bum, …

Lied

Das Lied kann auch leise gesungen werden. Dafür wird aus „laut" „leise sind die Trommeln".

Variation

- Die Erzieherin lässt (afrikanische) Trommelmusik laufen. Die Kinder trommeln mit ihren Schuhtrommeln mit.
- Die Kinder ziehen mit Hilfe der Erzieherin ihre Schuhe an die Füße und stampfen nach der Musik durch den Raum.

Aufbauimpulse

Komm, zeig deine Schuhe

Mitmachlied *(Melodie: „Zeigt her eure Füße", Text: Ingrid Biermann)*

Material

Schuhe der Kinder

Anleitung

Die Kinder sitzen im Kreis und ihre Schuhe liegen in der Mitte. Jedes sucht seine Schuhe und zieht sie über die Hände. Die Erzieherin singt das Lied „Komm, zeig deine Schuhe". Die Kinder werden eingeladen, mit den Schuhen auf den Boden zu trommeln um das Lied so instrumental zu begleiten.

Komm, zeig dei - ne Schu - he und hör dir mal
an, wie man mit den Schu-hen Mu - sik — ma-chen kann.

Variation

Die Kinder suchen sich eine andere Geräuschquelle, zum Beispiel die Wand, und schlagen mit den Schuhen daran. Immer wieder suchen sie sich eine neue Geräuschquelle, die von der Erzieherin benannt wird. So machen sie neue Klangerfahrungen.

Aufbauimpuls

Schuhkonzert: Die Kinder werden eingeladen, gemeinsam bekannte Lieder zu singen und diese mit ihren Schuhtrommeln zu begleiten. Das können Lieder sein wie „Alle meine Entchen", „Häschen in der Grube" oder „Hänschen klein".

Die Trommelschlange

Mitmachvers

Material

für jedes Kind und die Erzieherin einen Holzlöffel, viele große und kleine Eimer ohne Griff

Anleitung

Die großen Eimer stehen als Sitzhocker im Kreis. Die Kinder suchen sich einen Platz. Die Erzieherin nimmt sich einen freien Eimer und einen Holzlöffel. Sie geht damit trommelnd im Kreis herum und spricht rhythmisch den Vers. Vor jedem Kind bleibt sie stehen und spricht es mit seinem Namen an. Das Kind steht auf und schließt sich ihr an, sodass nach und nach eine Trommelschlange entsteht. Sind alle einmal genannt worden, spricht die Erzieherin zum Abschluss die zweite Strophe und die Kinder setzen sich wieder auf ihren Eimerhocker.

Vers

1. Mit meiner Trommel, bumm, bumm, bumm,
geh fröhlich ich im Kreis herum,
ich trommle laut und bleibe steh'n,
der (die) *Leon* kann jetzt mit mir gehen.

2. Die Trommelschlange geht herum,
die Trommel, sie macht bumm, bumm, bumm.
Die Trommelschlange geht nach Haus,
jetzt ruht sie sich sehr lange aus.

Variation

Alle Kinder bekommen einen Holzlöffel und einen Eimer und können frei trommeln.

Aufbauimpulse

- Der Vers wird laut, leise, schnell oder langsam gesprochen und entsprechend wird getrommelt.
- Aus der Trommelschlange wird eine Rasselschlange. Jedes Kind bekommt eine Rassel anstelle der Trommel. Der Spielverlauf ist der selbe.

1. Mit meiner Rassel, rass, rass, rass,
da macht das Rasseln großen Spaß.
Ich rassel laut und bleibe steh'n,
die (der) *Hannah* kann jetzt mit mir gehen.

2. Die Rasselschlange geht herum,
die Rasseln, die sind niemals stumm.
Die Rasselschlange geht nach Haus,
dort ruhen sich die Rasseln aus.

Ich trommel hier im Kreis

Mitmachvers

für jedes Kind und die Erzieherin unterschiedliche Trommeln

Die Kinder und die Erzieherin sitzen mit den Trommeln im Kreis. Die Erzieherin spricht zunächst den Vers, dann können die Kinder ihn rhythmisch trommelnd begleiten. Sofern die Instrumente es zulassen, kann auch mit der Trommel entsprechend dem Text gewandert werden.

Ich trommel hier im Kreise
ich trommel laut und leise.
Trommel mit und du wirst sehen,
Du und ich, wir trommeln rum,
bumm, bumm, bumm.

Der Vers wird laut und leise, langsam und schnell gesprochen und gespielt.

Das Glöckchen

Mitmachvers

Material

unterschiedlich große Glocken, Tablett, Tuch

Anleitung

Viele unterschiedlich große Glocken stehen auf einem Tablett und sind mit einem Tuch zugedeckt. Die Erzieherin greift unter das Tuch und lädt die Kleinsten ein, genau zuzuhören. Sie bewegt mehrere Glocken, sodass die Kinder unterschiedliche Lautstärken und Tonhöhen wahrnehmen können. Das Tuch wird entfernt und die Kinder werden eingeladen, selbst zu experimentieren. Danach lauschen sie dem Vers. Die Erzieherin läutet, während sie den Text spricht, passend dazu kleine oder große Glocken.

Vers

1. Das Glöckchen, dieses kleine (große) Ding,
es macht immer klingeling.
Es ruft laut, hör einmal hin,
klingeling, klingeling.

2. Das Glöckchen, dieses kleine (große) Ding,
es macht immer klingeling.
Es ruft leis, hör einmal hin,
klingeling, klingeling.

Variationen

- Die einzelnen Strophen können in einer beliebigen Reihenfolge gesprochen werden. Dazu wird entsprechend die Glocke bewegt.
- Die Kinder werden eingeladen, die Glocken zum Schwingen zu bringen.

Aufbauimpuls

Die Kinder spielen die Glocken und bewegen ihren Körper, den Kopf oder die Finger hin und her. Dabei wiederholt die Erzieherin langsam oder schnell die einzelnen Strophen.

Zwerg Klingklang und seine Glocken

Klanggeschichte

Material

Wühlkiste, Zwerg Klingklang, Klara, Piepmäuse, für jedes Kind eine Glocke, Kissen, Decken

Anleitung

Die Kinder sitzen in der mit Decken und Kissen gemütlich gestalteten Zuhörlandschaft. Die Piepmäuse können mit in den Kreis genommen werden, Klara hört ebenfalls zu. Die Kleinsten durchsuchen die Wühlkiste und jedes findet eine Glocke, mit der es experimentieren kann. Die Erzieherin erzählt den Kindern, dass die Glöckchen dem Zwerg Klingklang gehören. Sie lädt sie ein, bei der kurzen Geschichte mitzuspielen. Bei dem Wort „Glocke" oder „Glöckchen" klingeln sie mit ihrer Glocke. Die Erzieherin spielt mit, sodass es für die Kinder leichter ist, den Spielimpuls aufzunehmen.

Geschichte

Der Zwerg Klingklang hat zu Hause ganz viele große und kleine GLOCKEN und GLÖCKCHEN, mit denen er schon am frühen Morgen Klara, ihre Mäusekinder und auch die anderen Wiesentiere weckt. Jede GLOCKE hat einen anderen Ton, jede GLOCKE klingt wunderschön. Einige spielen hoch, einige tief, einige laut und einige leise. Wenn alle GLOCKEN zusammen spielen, dann hört man eine wunderschöne GLOCKENMUSIK, von der alle fröhlich wach werden. Klara und ihre Mäusekinder stehen dann schnell auf. Sie laufen auf die Wiese, um Klingklang mit seinen GLOCKEN und GLÖCKCHEN zu begrüßen. Gemeinsam tanzen sie den Morgentanz.

Variationen

- Glockenkonzert: Hebt die Erzieherin die Hand, dann spielen die Kinder mit den Glocken. Senkt sie diese, dann sind die Kinder still.
- Glockentanz: Die Kinder können auch das Begrüßungslied „Wir kommen heut' zusammen" mit ihrem Glockenspiel gestalten und dazu tanzen.

Der Zwerg Klingklang und die Rasselbande

Mitmachgeschichte

Material

Zwerg Klingklang, viele Körbe, Füllmaterial (wie Erbsen, Bohnen, Reis, Mais, Linsen, Kastanien, kleine Kieselsteine, bunte Holzperlen), Röhrchen, Schachteln, Dosen, durchsichtige Kugeln (erhältlich im Bastelladen), Krepp-Klebeband, Löffel oder kleine Schaufeln, einige Trichter, großer Spielteppich, großes Tuch, für jedes Kind eine Sitzmatte

Anleitung

Mit den Sitzmatten wird ein Kreis gelegt. Auf einen großen Spielteppich stehen separat die Körbe und alle anderen Materialien. Sie werden mit einem Tuch abgedeckt. Die Kinder sitzen im Kreis und die Erzieherin lädt sie mit dem Zwerg Klingklang zu einer Geschichte ein.

Geschichte

Zwerg Klingklang lädt heute die Wiesenbewohner zu einem Instrumententag ein. Er will mit ihnen Rasseln basteln, denn damit kann man wunderbare Musik machen. Klingklang hat Körbe, in denen Erbsen, Bohnen, Linsen, bunte Holzperlen und viele andere Sachen sind. In einer anderen großen Kiste sind viele Röhrchen, Dosen, durchsichtige Kugeln und kleine Schachteln. Jeder Wiesenbewohner nimmt eine Dose oder Schachtel aus der Kiste und sucht sich Erbsen, Bohnen oder bunte Holzperlen zum Befüllen. Das macht ihnen viel Spaß und schon nach kurzer Zeit hat jeder eine Rassel. Zusammen singen sie Lieder und spielen dazu mit ihren neuen Instrumenten. So ist aus den Wiesenbewohnern eine richtige Rasselbande geworden. Als es Abend wird, müssen alle ganz still sein, denn sonst können die Tiere nicht schlafen. Die Rasselbande geht leise nach Hause, doch für den nächsten Tag sind sie schon wieder verabredet.

Schluss

Zum Abschluss gehen alle zu dem Spielteppich. Nun können aus den Materialien Rasseln gebastelt werden. Gemeinsam mit der Erzieherin können die Kinder bekannte Lieder singen und rasselnd begleiten.

Hinweis

Für dieses Angebot bitte nur wenige Kinder nehmen, damit das Befüllen der Döschen unter Kontrolle bleibt.

Rhythmische Reime und Verse: Rassel, Ratsche, Trrr

Die Klänge und Geräusche der Natur und der Umgebung werden für die Kleinsten genauer erfahrbar, wenn ihnen bewusst nachgespürt wird. Das Imitieren der Geräusche mit Sprache und Instrumenten, das Erleben mit unterschiedlichen Sinnen hilft ihnen bei der Orientierung in ihrer individuell erlebten Welt des Klangs.

Rassel, rassel, Regenwetter

Mitmachvers

Material

selbst gebastelte Rasseln aus Dosen oder Röhrchen mit Erbsen oder Linsen befüllt, Orffinstrumente (Rasseln, Trommeln, Regenmacher)

Hinweis

Dieser Vers eignet sich für einen Regentag.

Anleitung

Die Kinder gehen bei Regenwetter an das Fenster und schauen hinaus. Die Erzieherin spricht den Regenvers und klopft mit ihren Fingern an die Fensterscheibe. Damit lädt sie die Kinder ein mitzuspielen. In den Wiederholungen spricht sie die Strophen laut und leise, dementsprechend kann geklopft werden. Die Kinder können sich immer neue Orte zum Klopfen suchen und so den Regen imitieren. In der zweiten Strophe schlagen die Kinder mit ihrer flachen Hand auf verschiedene Klangorte, um das Regenplätschern nachzuahmen. Danach setzen die Kinder sich in den Kreis. Es werden mit den Alltagsmaterialien und den Orffinstrumenten die Regen- und Plätschergeräusche imitiert. Der Wechsel zwischen laut und leise sollte hörbar sein.

Reim

1. Rassel, rassel, Regenwetter,
Sonnenschein wär einfach netter.
Rassel, rassel, ich bin nass,
Spielen macht heut' keinen Spaß.
Rassel-rass, ich geh nach Haus,
zieh meine nassen Sachen aus.

2. Plätscher, plätscher, Regenwetter,
Sonnenschein wär einfach netter.
Plätscher, plätscher, ich bin nass,
Spielen macht heut' keinen Spaß.
Plätscher-platsch, ich geh nach Haus,
zieh meine nassen Sachen aus.

Die Kinder legen sich auf den Bauch. Die Erzieherin geht umher und lässt die Kinder durch ihre Hand das Regnen und das Plätschern auf dem Rücken spüren. Die Kinder geben sich gegenseitig eine Regentropfenmassage.

Schluss

Ritsche-ratsche

Mitmachvers

Material Holzbrettchen, Wellpappe, Klebstoff, Bürsten, Spülschwämme, Holzlöffel, Stöckchen

Vorbereitung Für jedes Kind wird eine Ratsche erstellt. Dazu wird das Brettchen mit der Wellpappe beklebt.

Anleitung Die Kinder sitzen im Kreis und die Erzieherin verteilt die Ratschen an die Kinder. Nach einer Experimentierphase lädt sie sie zu einem Vers ein. Die Erzieherin und die Kinder spielen während des Verses mit ihren Fingern auf der Ratsche. Will die Erzieherin den Vers beenden, spricht sie die dritte Strophe.

Vers 1. Ritsche-ratsche, ritsche-ratsche,
ritsche-ratsche, hin und her.
Ritsche-ratsche, ritsche-ratsche,
Ratschen, das ist gar nicht schwer.

2. Ritsche-ratsche, ritsche-ratsche,
ritsche-ratsche, rauf und runter,
ritsche-ratsche, ritsche-ratsche,
Ratschen, das macht mich so munter.

3. Ritsche-ratsche, ritsche-ratsche,
ritsche-ratsche immerzu.
Ritsche-ratsche, ritsche-ratsche,
meine Ratsche braucht jetzt Ruh'.

Variation Wird der Vers wiederholt, ratschen die Kinder mit einer Bürste, einem Spülschwamm, einem Holzlöffel oder einem Stöckchen über die Ratsche und machen verschiedene Hörerfahrungen.

Trrr, trrr, so macht das Telefon

Mitmachvers

Material

schnurloses Telefon, Handy, orffsche Instrumente (Schellenkranz, Xylofon, Cymbeln, Triangel)

Anleitung

Die Kinder sitzen im Kreis. Die Erzieherin bringt ein schnurloses Telefon aus dem Kindergartenbüro mit. Jedes Kind kann sich das Telefon an das Ohr halten, dem Freizeichen lauschen und das Geräusch imitieren. Alternativ kann das Telefongeräusch im Büro direkt gehört werden. Danach wird pantomimisch das Telefonieren nachempfunden. Die Erzieherin unterstützt die Aktivität, indem sie den Vers spricht. Der genannte Name dient nur als Beispiel. Das „Trrr" wird laut, leise, lang, kurz, hoch oder tief gesprochen, die Kinder sprechen und spielen mit.

Vers

Trrr, trrr, so macht das Telefon.
Trrr, trrr, ich hör's *(Hand ans Ohr halten)* und komme schon.
Trrr, trrr, wer mag denn das wohl sein?
Trrr, trrr, der (die) *Niklas* lädt mich heute ein.
Ich spiel mit ihm (ihr), weil ich ihn (sie) mag
spiel ich mit ihm (ihr) den ganzen Tag.

Variationen

- Vor jeder Wiederholung kann ein Kind sagen, zu wem es laufen will. Dann wird der Name des entsprechenden Kindes im Vers eingesetzt.

Bewegungsverse und -geschichten: Tsch, tsch, tsch und Hui

Die Kleinsten hören mit großer Begeisterung auf die Geräusche aus der für sie nahen, technischen Welt. Raum und Zeit sind für sie etwa durch Auto oder Eisenbahn erfahrbar. Diese Eindrücke können auch in der Natur wiedergefunden und erlebt werden. Die Angebote laden ein zu einem temperamentvollen Nachahmen von Geräusch und Bewegung.

Tsch, tsch, tsch, die Eisenbahn

Mitmachspiel

Material
Topfschwämme, Handtrommeln, eine kleine Holzeisenbahn, Schaffnerstab, viele Sitzmatten, für jedes Kind einen Hocker

Anleitung
Die Kinder sitzen auf den Sitzmatten. Die Erzieherin stellt ein Hörrätsel, indem sie die Geräusche einer Eisenbahn imitiert. Die Kinder versuchen, die Laute zu erraten. Haben sie die Lösung gefunden, baut die Erzieherin gemeinsam mit den Kleinsten die Holzeisenbahn auf. Danach bewegt die Erzieherin die Lokomotive und singt den Vers auf eine selbst erfundene Singsangmelodie.
Die Kinder werden eingeladen, die kleine Eisenbahn nachzubilden, indem sie sich hintereinander aufstellen, eine Schlange bilden und den Vers mitsprechen. Die Erzieherin spielt die Schaffnerin. Sie hebt den Stab, alle steigen ein und fahren durch den Raum. Im Bahnhof angekommen, setzen sie sich auf ihre Sitzmatte. In den Wiederholungen kann der Vers laut, leise, schnell, langsam, hoch oder tief gesprochen werden.

Vers
1. Tsch, tsch, tsch, die Eisenbahn,
tsch, tsch, tsch, will ganz weit fahr'n,
Tsch, tsch, tsch, komm, steig mit ein,
es geht über Stock und Stein.

2. Tsch, tsch, tsch, geht's mit Geschnauf,
tsch, tsch, tsch den Berg hinauf,
Tsch, tsch, tsch, jetzt bleibt sie steh'n,
nur langsam wird es weitergeh'n.

3. Tsch, tsch, tsch, es geht bergab,
tsch, tsch, tsch, jetzt macht sie schlapp.
Tsch, tsch, tsch, ich steige aus,
und gehe nun zu Fuß nach Haus.

Die Kinder bauen mit ihren Hockern eine Eisenbahn. Sie setzen sich, sprechen den Vers und reiben beim „Tsch, tsch, tsch" beide Hände aneinander oder auf den Oberschenkeln.

Variation

- Die Kinder bauen mit vielen Sitzmatten eine Bahnstrecke. Die Erzieherin nimmt ein Kind an die Hand und gibt ihm den Stab. Jetzt übernimmt das Kind die Rolle des Schaffners, die anderen Kinder steigen ein. Der Schaffner gibt das Fahrtempo an. Die Erzieherin kann den Vers dazu sprechen. Bei den Wiederholungen wird das Sprechtempo immer wieder verändert.

Aufbauimpulse

- Die Kinder bauen mit den Hockern eine Eisenbahn. Sie setzen sich in den Zug und unterstützen die Fahrgeräusche und somit den Vers mit den Topfschwämmen. Dafür reiben sie die grobe Seite zweier Schwämme aneinander. Die Erzieherin spricht laut, leise, schnell und langsam den Vers.
- Die Kinder sitzen auf den Hockern und reiben die Geräusche auf einer Trommel. Die Erzieherin spricht den Text laut, leise, schnell und langsam.

Das Auto fährt laut um die Ecke

Bewegungsvers

Material

Wühlkiste, Zauberstab, für jedes Kind ein Spielzeugauto und einen Ring oder Reifen, Krepp-Klebeband

Anleitung

Die Kinder sitzen im Kreis, die Wühlkiste steht zum Durchsuchen in der Kreismitte. Sie finden die Spielzeugautos und spielen zunächst nach ihren Wünschen damit. Die Erzieherin beginnt, den Vers zu sprechen. Die Kleinsten lassen in der Wiederholung die Autos auf dem Boden, auf dem Tisch oder an der Wand fahren. Danach verwandelt die Erzieherin die Kinder in Autos. Sie ahmen nun die Bewegungen des Autos nach, indem sie sich durch den Raum bewegen. Die Erzieherin führt die Bewegungen solange aus, bis die Kinder sicher sind. Die Strophen können beliebig oft wiederholt werden. Will sie das Spiel beenden, so wird die dritte Strophe gesprochen.

Vers

1. Das Auto fährt laut um die Ecke,
fährt schnell heut' eine lange Strecke.
Bleibt dann stehen – hupt – fährt fort
ganz schnell an den neuen Ort.

2. Das Auto fährt leis' um die Ecke,
fährt langsam eine lange Strecke.
Bleibt dann stehen – hupt – fährt fort,
langsam an den neuen Ort.

3. Das Auto fährt nun um die Ecke,
fährt nur noch eine kurze Strecke.
Bleibt dann stehen und fährt nach Haus,
die lange Reise ist nun aus.

Aufbauimpulse

- Damit die Kinder besser die Autos nachahmen können, bekommen sie als Lenkrad einen kleinen Reifen oder Ring in die Hand. Der Text wird wiederholt.
- Auf dem Boden werden mit Krepp-Klebeband Straßen aufgeklebt. Die Kinder fahren der Spur nach. Der Text unterstützt die Bewegungen. Die Kinder können auch rückwärts fahren.

Huiii, die Windfee

Klanggeschichte

Material

weißes Betttuch, Schere, Zauberstab, für jedes Kind eine Mülltüte und eine Rassel

Anleitung

Die Erzieherin schneidet in die Tüten Öffnungen für Kopf und Arme. Bei Bedarf wird die Länge dieser knisternden Windkleider gekürzt.
Die Kinder sitzen auf dem weißen Betttuch, das die Wolke darstellt. Die Erzieherin erzählt und spielt die Geschichte von der Windfee Huiii. Sie lädt die Kinder ein, kleine Windfeen zu werden. Mit dem Zauberstab verwandelt sie sie. Die Kleinsten schlüpfen in ihre Windkleider und können dem Text entsprechend die Windfee, den Wind und die Windkinder mit der Rassel begleiten. Taucht das Wort „Wind" auf, rasseln sie. Die Erzieherin spielt zur Unterstützung mit.

Hinweis

Wenn die Kinder unter drei Jahren mit den Tüten spielen, sollte immer eine Erzieherin in der Nähe sein, sodass keine Gefahr für die Kleinsten besteht.

Geschichte

Die WINDfee Huiii wohnt mit ihren Kinder in einer großen Wolke *(die Kinder sitzen auf dem weißen Tuch)*. Die WINDkinder machen von früh bis spät WIND. Schon morgens fliegen die WINDkinder und die WINDfee auf die Erde und machen dort viel WIND. Ihre WINDkleider bewegen sich und der WIND heult dabei ganz laut. Das macht allen viel Spaß.
Huiii und ihre Kinder fliegen hin und her, Huiii und ihre Kinder fliegen auf und ab, Huiii und ihre Kinder fliegen rundherum und dabei machen sie mal laute und mal leise WINDmusik *(laut und leise rasseln)*.

Aufbauimpuls

In der Wiederholung werden die Kinder eingeladen nicht nur den Wind mit Geräuschen darzustellen, sondern sich auch dazu zu bewegen. Dementsprechend kann der Bewegungsteil der Geschichte auch beliebig oft wiederholt werden. Der Schlusstext wird erst dann gesprochen, wenn die Erzieherin das kleine Spiel beenden will.

Familie Trompeter

Klanggeschichte

Material

Zwerg Klingklang, Koffertrolley, für jedes Kind eine Kindertrompete, Kissen, Decken

Anleitung

Die Erzieherin packt die Instrumente vor Beginn in den Koffer. Die Kinder sitzen in dem mit Kissen und Decken gemütlich gestalteten Kreis. Die Erzieherin lädt gemeinsam mit dem Zwerg Klingklang die Kleinsten zu einer besonderen Geschichte ein.

Geschichte

Zwerg Klingklang bekommt eines Tages Besuch. Familie Trompeter steht vor der Tür. Klingklang freut sich, denn er hat seine Zwergenfreunde schon lange nicht mehr gesehen. Sie wohnen weit entfernt auf einer ganz anderen Wiese. Familie Trompeter macht genauso gerne Musik wie Klingklang. Sie haben ihre Trompeten mitgebracht. Aus einem alten Koffer packen sie ihre Trompeten aus und nun geht's los *(die Kinder trompeten)*. Klingklang nimmt auch eine Trompete und spielt mit *(trompeten)*. Gemeinsam spielen sie immer wieder mal laut und mal leise *(abwechselnd laut und leise spielen)*. Bis zum Abend wird Trompetenmusik gemacht *(trompeten)*. Erst als der Mond erwacht, legen sie die Trompeten zurück in den Koffer und dann ist es ganz still *(alle Trompeten werden in den Koffer gelegt)*.

Schluss

Nachdem die Kinder die Familie Trompeter kennengelernt haben, können sie aus dem Koffer die Kindertrompeten holen und damit experimentieren. Die Erzieherin spricht dazu den Vers.

Vers

Hört euch an, hört euch an,
wie die Trompete spielen kann,
Hört mal zu, hört mal zu,
spielen kannst auch du.

Aufbauimpuls

Aus der Geschichte wird eine Klanggeschichte, in dem an den entsprechenden Stellen Trompetenklänge die Erzählung begleiten.

Mit Klara musikalisch durch das Jahr: Frühling, Sommer, Herbst und Winter

Mit den Kleinsten musikalisch die Jahreszeiten zu erleben, macht besonders viel Freude, denn hier werden sie spielerisch in die Vielfalt der jahreszeitlichen Erfahrungen eingeführt. Hautnah lassen sich die Veränderungen im Freien erleben. Aktiv beteiligen sie sich an der Umsetzung der musikalischen und sinnlichen Impulse. Gerade die Unterschiede in der Flora und Fauna, im Wetter und Klima lassen sich in der Musik nachempfinden und oft besonders zart erleben. Der Regen tropft, der Wind weht, die Sonne scheint, die Wolken ziehen, der Schnee fällt, das Eis friert. Der Singsang des Windes lädt ein, seine Geräuschkraft zu erproben und zu dosieren. Die Jahreszeiten musikalisch zu erleben, heißt auch, die Gefühle und das Erlebte in Tönen und Klängen wiederzufinden. Viele Bräuche, Tänze und Lieder erzählen von den Unterschieden im Frühling, Sommer, Herbst und Winter. Die Kleinsten lernen so durch Musik auch die kulturellen Prägungen ihrer Umgebung kennen. Je nach Zusammensetzung der Gruppe bietet es sich an, die Eltern einzubinden. So können Erfahrungen und Musik etwa aus anderen Kulturkreisen in die musikalische Reise einfließen.

Verse, Mitmachlieder, Bewegungsgeschichten und vieles mehr geben einen ganzheitlichen, musikalischen Einblick in die vier Jahreszeiten. Natürlich begleitet Klara mit ihren Piepmäusen die Tour. Angebote mit ihr eröffnen und beschließen in diesem Kapitel die Impulse zu jeder Jahreszeit.

Einstiegsgeschichte:
Klara und ihre Jahreszeitenkinder

Klara, Piepmäuse, Decken und Kissen, Weidenkorb, Tuch, Motivbilder (Sonne, Hase, leichter Regen, Vögel, Wind, prasselnder Regen, Eis, Schnee, usw.), für jedes Kind eine Triangel, Holzblocktrommel, Rassel, Glocke, Handtrommel, Blechdosenrasseln, Klangstäbe

Mit den Decken und Kissen wird eine gemütliche Landschaft zum Zuhören gestaltet. Der Korb mit den Orffinstrumenten wird mit einem Tuch abgedeckt und steht griffbereit. Die Motivbilder sind von der Erzieherin hergestellt oder zusammengesucht worden und liegen ebenfalls griffbereit.
Die Erzieherin lädt die Kinder ein, der Klanggeschichte von Klara und ihren Piepmäusen zu lauschen. Danach wird der Instrumentenkorb in die Mitte gestellt und eine lange Experimentierphase beginnt. Die Instrumente werden den Klangkarten zugeordnet. Dabei hilft die Erzieherin und unterstützt die Kinder in ihrer Entscheidung. Die im Text genannten Instrumente sind nur Vorschläge, die an die Auswahl durch die Kinder angepasst werden sollten. Nun wird die Geschichte noch einmal erzählt und an den passenden Stellen wird das Instrument eingesetzt. Auch hier gibt die Erzieherin Hilfestellung. Der Text kann bei Bedarf gekürzt oder verändert werden.

Klara und ihre Kleinen spielen jeden Tag draußen. Dabei erleben sie den Frühling mit seinen ersten warmen Sonnenstrahlen, die das kalte Mäusefell wärmen *(Triangel)* und sie beobachten die Hasen, die vergnügt über die Frühlingswiese hüpfen *(Holzblocktrommel)*. Den Sommer mögen die Mäuse sehr, weil der leichte Sommerregen ihr Fell kühlt *(Rasseln)* und sie dem Gesang der vielen Vögel lauschen, die in den Bäumen sitzen *(Glocken)*. Auch den Herbst mit seinem stürmischen Wind *(Handtrommel reiben)* und dem prasselnden Regen *(Blechrasseln)* genießen die Mäuse. Dann sitzen sie vor dem Mauseloch und schauen den tanzenden Blättern hinterher. Den Winter mögen die kleinen Mäuse wegen der vielen Schneetage und dem kalten Frost. Überall knackt und knistert es *(Klangstäbe)* und wenn ihre kleinen Nasen rot sind, dann legen sie sich in ihre warmen Betten und träumen vom Frühling, Sommer, Herbst oder Winter.

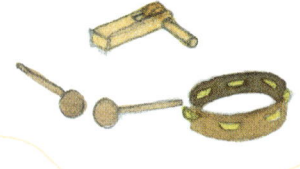

Mit Klara den frischen Frühling erleben

Das Blühen der Blumen, die zurückkehrenden Tiere und das wechselhafte Wetter werden in vielfältigen musikalischen Angeboten erfahrbar gemacht. Mit Klara und ihre Piepmäusen erleben die Kleinsten den Frühling.

Klaras Kinder entdecken Schneeglöckchenmusik

Klarageschichte

Material

leere Wühlkiste, Blumentopf mit Schneeglöckchen, für jedes Kind eine kleine Glocke, Kissen, Decken, Klara, Piepmäuse, Gießkanne mit Wasser

Anleitung

Aus den Decken und Kissen baut die Erzieherin für die Kinder eine einladende Zuhörlandschaft. Die Wühlkiste steht in der Mitte. Darin stehen in einem Blumentopf die Schneeglöckchen. Die Erzieherin öffnet den Deckel, holt den Topf heraus und die Kinder bestaunen die Blumen. Sie erzählt den Kindern etwas über die Frühlingsboten und lädt sie dann zu einer Geschichte ein.

Geschichte

Klara und ihre Kleinen wollen heute hinaus in den Frühling. Endlich ist es draußen warm, darum machen sie sich schon früh auf den Weg. Kaum sind sie auf ihrer Wiese, da hören sie ein helles LÄUTEN. Neugierig laufen sie zu dem neuen Geräusch und da entdecken sie unter einem Baum viele kleine Schneeglöckchen. Sie LÄUTEN den Frühling ein. Die Mäuse sitzen ganz still und hören dem Klang der GLÖCKCHEN zu. Pustet der Wind kräftig, dann klingt ihre Musik LAUT und HELL, weht der schwach, dann ist die Musik LEISE und HELL. Klara und ihre Kinder mögen die SchneeGLÖCKCHEN-musik und wollen nun jeden Tag hierhin gehen, um der wunderbaren Frühlingsmusik zu lauschen.

Die Kinder stellen den Blumentopf auf die Fensterbank und gießen die Schneeglöckchen. Sie werden gepflegt und erinnern immer an die Geschichte.

Schluss

Klanggeschichte: Jedes Kind bekommt ein Glöckchen und alle werden zu einer Schneeglöckchenmusik eingeladen. Immer wenn es im Text um die Glocken und ihren Klang geht, läuten sie ihre Instrumente.

Aufbauimpuls

Die Schneeglöckchen enthalten Giftstoffe, deshalb sollten die Kinder sie nur betrachten und nicht anfassen. Wenn die Erzieherin von den Frühlingsboten erzählt, sollte sie auch diese Eigenschaft erklären und vorstellen.

Hinweis

Frühlingsfarbentanz

Kreativangebot

unterschiedliche Fingerfarben, Tapetenrolle, Krepp-Klebeband, CD-Spieler, Frühlingsmusik (Vivaldi: Die vier Jahreszeiten, J. Haydn: Jahreszeiten), Folie, ein Handtuch für jedes Kind und evtl. ein Malkittel oder Badekleidung

Material

Die Erzieherin legt den Raum mit Folie aus und darüber befestigt sie mit dem Krepp-Klebeband mehrere Bahnen Tapetenrolle. An unterschiedlichen Stellen verteilt sie größere Kleckse mit Fingerfarben. Die Kleinsten werden eingeladen, zu der Musik zu tanzen. Sie können dabei Spuren hinterlassen, indem sie barfuß über das Papier laufen und mit ihren Fußabdrücken eine Frühlingsfarbenlandschaft gestalten.
Nach dem Impuls werden die Füße wieder gewaschen und mit dem Handtuch abgetrocknet. Die bunten Bahnen können aufgehängt werden und die Gruppe auf den Frühling einstimmen.

Anleitung

Die Gruppe der Kleinsten sollte überschaubar sein, weil sie so die vielen Sinneseindrücke besser verarbeiten können. Sinnvoll ist es auch, Malkittel oder Badekleidung zu tragen.

Hinweis

Die Kinder tanzen mit den Händen nach Musik in den Farbklecksen.

Variation

Der warme, warme Frühling

Mitmachlied *(Melodie: „Ein kleines, graues Eselchen", Text: Ingrid Biermann)*

grüne und braune Decke, mehrere Kissen, leichte weiße Tücher, Orffinstrumente

Die Kinder werden heute eingeladen, im Spiellied die Rollen der Blumen, Tiere oder Menschenkinder zu übernehmen. Für das Spiel der Blumen setzen sie sich auf die grüne Decke, für die Tiere auf die braune und alle Menschenkinder legen sich auf die Kissen. Die Erzieherin spielt den Wind. Sie singt die erste und zweite Strophe mehrmals und weckt dabei die Tiere, die Blumen und die Menschen, indem sie den Text entsprechend verändert. Danach fassen sich alle an, tanzen und die Erzieherin singt die letzte Strophe. Das Lied kann mehrmals wiederholt werden und die Kinder suchen sich immer neue Rollen aus.

1. Der war-me, war-me Früh-ling zieht lei-se durch die Welt, er weckt die mü-den Tie-re, weil es ihm so ge-fällt. Hur-ra, hur-ra, der Früh-ling, der ist da.

2. Der warme, warme Frühling, zieht leise durch die Welt,
er weckt die müden Blumen (Menschen), weil es ihm so gefällt.
Hurra, hurra, der Frühling, der ist da.

3. Blumen, Menschen, Tiere, die freuen sich so sehr,
den langen, langen Winter, den mögen sie nicht mehr.
Hurra, hurra, der Frühling, der ist da.

- Das Spiellied wird mit Orffinstrumenten begleitet.
- An einem ersten, warmen Frühlingstag können alle ins Freie gehen, die Sonnenstrahlen spüren und gemeinsam das Lied singen, klatschen und spielen.

Die Tiere krabbeln hin und her

Mitmachvers

Wühlkiste, Tierbilder (Käfer, Hase, Vogel), viele Servietten, für jedes Kind einen Hocker, Orffinstrumente (Klangstäbe, Holzblocktrommeln, Schellenbänder), CD-Spieler, klassische Musik

Material

Die Kinder sitzen auf ihren Hockern. Die Tierbilder liegen in der Kreismitte und sind mit Servietten abgedeckt. Die Erzieherin lädt die Kinder ein, die Bilder aufzudecken. Nach jedem freigedecktem Bild spricht sie die passende Strophe und den Refrain. Die Bewegungen und Geräusche der Tiere werden imitiert. Der Text wird langsam und schnell gesprochen.

Anleitung

Refrain: Hin und her, hin und her,
den Frühling mögen sie so sehr. *(2x)*

Vers

1. Die Käfer krabbeln hin und her,
den Frühling mögen sie so sehr.
Sie krabbeln langsam (schnell), bleiben steh'n
und schon kann es weiter geh'n.

2. Die Hasen laufen hin und her,
den Frühling mögen sie so sehr.
Sie laufen langsam (schnell), bleiben steh'n
und schon kann es weiter geh'n.

3. Die Vögel fliegen hin und her,
den Frühling mögen sie so sehr.
Sie laufen langsam (schnell), bleiben steh'n
und schon kann es weiter geh'n.

Klanggeschichte: Die Tiere werden durch Orffinstrumente dargestellt.

Variation

Die Kinder sind Käfer, Hase oder Vogel. Zu klassischer Musik tanzen sie den Tanz der Tiere.

Aufbauimpuls

Der Frühlingswind geht auf die Reise

Bewegungsvers

Material

Fliegenklatsche, grüne Decke, weiße, leichte Tücher oder Servietten

Anleitung

Die Erzieherin lädt die Kinder ein, sich auf die grüne Decke zu legen. Sie schließen ihre Augen, als ob sie einen Winterschlaf halten würden. Die Erzieherin weckt sie, indem sie mit einer Fliegenklatsche jedem Kind leicht über den Körper wedelt. Sie spricht dabei den Vers. Die Kinder werden wach, setzen sich und können nun noch einmal ruhen. Sie können Tiere, Blumen oder Menschen sein, die im Winterschlaf liegen. Die Erzieherin spricht den Text noch einmal sehr leise.

Vers

Der Frühlingswind geht auf die Reise,
er singt sein Lied heut' ganz, ganz leise.
Er weckt die Tiere hier und dort,
zieht leise heut' von Ort zu Ort.
Der Frühlingswind vertreibt den Schnee,
weckt auf die Blumen und den Klee,
weckt die Menschen an dem Ort
und zieht dann leise wieder fort.

Schluss

Danach werden die Kinder zu einem Windtanz eingeladen. Die Kinder bewegen sich frei durch den Raum und die Erzieherin spricht den Text in einer erfundenen Singsangmelodie.

Dicke Wolken, groß und schwer

Bewegungsspiel

Material

großes, weißes Tuch, für jedes Kind einen Hocker, evtl. (grüne) Decke, Orff-instrumente (Trommeln, Rasseln) oder Eimer, Holzlöffel und Dosenrasseln

Anleitung

Die Erzieherin lädt die Kinder ein, an einem wolkigen und windigen Tag mit ihr auf die Wiese zu gehen. Die Kinder legen sich auf die Wiese, eventuell auf eine Decke, und schauen in den Himmel. Sie beobachten eine Zeit lang, wie die Wolken vom Wind angetrieben werden. Danach gehen sie zurück in die Gruppe. Dort legt die Erzieherin ein weißes Tuch in die Mitte des Raumes. Alle stellen sich ganz eng auf das weiße Tuch. Es symbolisiert die Wolke. Die Kinder stellen die Regentropfen dar. Die Erzieherin spricht den Vers und spielt ihn zusammen mit den Kindern.

Vers

1. Dicke Wolken, groß und schwer,
zieh'n am Himmel heut' daher
(die Kinder stehen auf dem weißen Tuch, bewegen sich leicht hin und her).
Und plötzlich machen leise
viele Tropfen eine Reise
(die Kinder laufen durch den Raum).

2. Die Tropfen machen alles nass
(die Kinder bewegen ihre Arme und berühren alles um sie herum),
den Kindern macht der Regen Spaß.
Sie hüpfen durch die Pfützen
(die Kinder hüpfen umher),
auf dem Kopf tragen sie Mützen
(die Kinder halten über dem Kopf ihre Finger zusammen).

3. Plitsch platsch, so laufen sie umher,
die Kinder mögen Regen sehr.
Der Regen macht jetzt eine Pause,
die Kinder laufen nass nach Hause
(die Kinder setzen sich auf ihre Hocker).

Variationen	• Der Text wird mehrmals laut oder leise, langsam oder schnell gesprochen.
	• Das Bewegungsspiel kann auch auf einem Regenspaziergang mit entsprechender Bekleidung durchgeführt werden.
Aufbauimpulse	• Der Vers kann mit Orffinstrumenten oder mit Eimern, Holzlöffeln und Dosenrasseln begleitet werden.
	• Der Tropfentanz wird getanzt.

Der Tropfentanz

Bewegungsspiel

Material	viele weiße und blaue Luftballons, CD-Spieler, klassische Musik, eine blaue, große Tüte, für jedes Kind eine Sitzmatte, ein großes Tuch
Vorbereitung	Die Erzieherin bläst viele Luftballons auf und steckt sie in die blaue, große Tüte. Sie gestaltet mit den Sitzmatten einen Kreis. In dessen Mitte legt sie einen Luftballon. Die Musik ist vorbereitet.
Anleitung	Die Kinder setzen sich auf die Sitzmatten. Die Erzieherin spricht noch einmal den Vers „Dicke Wolken, groß und schwer". Dabei stellt sie mit den Fingern die Bewegungen dar. Die Kinder beschäftigen sich mit dem Luftballon, der den Regentropfen darstellen soll. Er wird von den Kindern gerollt, geworfen oder einfach nur gestoßen. Nun holt die Erzieherin immer mehr Tropfen aus der Tüte. Die Kinder können frei damit im ganzen Raum spielen. Klassische Musik kann diesen Tropfentanz begleiten. Die Tanz- und Spiellänge richtet sich nach dem Interesse der Kinder.
Variation	Die Kinder bekommen zusätzlich ein großes Tuch. Darauf können sie alle Ballons legen, es gemeinsam festhalten und die Tropfenballons bewegen.

Klara und die Mäusekinder

Fingerspiel

Klara, Piepmäuse, Orffinstrumente (für jedes Kind eine Rassel, Holzblock-trommel, Schellenband), Bilder oder Holztiere (Vogel, Frosch), für jedes Kind einen Hocker

Material

Die Kinder sitzen auf ihren Hockern im Kreis und werden eingeladen, einer kleinen Geschichte zuzuhören. Danach spielen sie das Fingerspiel dem Text entsprechend. Zum Schluss jeder Strophe verschwinden die Finger hinter dem Rücken. Die Versgeschichte kann mehrmals wiederholt und dabei leise, laut, schnell oder langsam gesprochen werden.

Anleitung

1. Klara und die Mäusekinder laufen durch den Frühlingswind
(mit den Fingern zappeln),
treffen viele gute Freunde, die mit ihnen fröhlich sind.

Vers

2. Hüpf, der Frosch, er hüpft ganz munter
hin und her und quakt dazu
(auf die Oberschenkel schlagen),
springt ganz weit und ist verschwunden,
Hüpf braucht nun ein wenig Ruh'.

3. Piep, der Vogel, fliegt ganz munter
hin und her und singt dazu
(Hände auf und ab bewegen),
fliegt ganz weit und ist verschwunden,
Piep braucht nun ein wenig Ruh'.

4. Klara und die Mäusekinder, laufen durch den Frühlingswind
(mit den Fingern zappeln),
laufen nun ganz schnell nach Hause, weil sie ein wenig müde sind.

Die Orffinstrumente werden für die einzelnen Tiere eingesetzt, sodass eine Klanggeschichte entsteht. Mit den Holzblocktrommeln können die Frö-sche, mit den Schellenbändern die Vögel und mit den Rasseln das Laufen der Mäuse nachgeahmt werden. Nach jeder Strophe bekommen alle Kinder einen Holzblock, ein Schellenband oder eine Rassel.

Variation

Mit Klara die heiße Sommerzeit erleben

Sommer bedeutet Sonne und Wärme. Das individuelle Erleben wird von vielen sinnlichen Eindrücken begleitet. Klarageschichten, Lieder und Fingerspiele geben musikalische Impulse, die auch in Kreativangeboten variiert und erweitert werden können.

Einstiegsgeschichte:
Klaras Kinder genießen die Sommersonne

Material

Wühlkiste, etwas Raps, ein Bild von einer Sonne, Kissen, Decken, Hocker, Klara, Piepmäuse, für jedes Kind eine Gießkanne, einige kleine Schüsseln, Triangel, Klangstäbe

Vorbereitung

Auf den Boden der Wühlkiste wird das Sonnenbild gelegt und mit etwas Raps verdeckt. Mit den Kissen, Decken und Hockern wird eine gemütliche Erzählecke gestaltet.

Anleitung

An einem sonnigen Tag geht die Erzieherin mit den Kindern ins Freie. Sie setzen sich gemeinsam in die Sonne und spüren ihre Wärme.

Danach kehren sie in die Gruppe zurück und setzen sich in die Erzählecke, in der Klara mit ihren Piepmäusen wartet. Die Erzieherin öffnet die Wühlkiste und lädt die Kinder ein, den Raps zur Seite zu pusten. Das entdeckte Sonnenbild wird in die Kreismitte gelegt. Die Erzieherin erzählt den Kleinsten eine sommerliche Klarageschichte.

Geschichte

Seit vielen Tagen hat es nicht mehr geregnet und die SommerSONNE brennt vom Himmel. Es ist so warm, dass die kleinen Mäuse beim HÜPFEN und SPRINGEN ein ganz feuchtes Fell bekommen. Sie schwitzen genauso wie Menschenkinder. Klara bringt ihnen eine große Wanne mit kaltem Wasser und stellt sie auf die Wiese. Nun haben sie ein Schwimmbecken. Die kleinen Mäuse SPRINGEN schnell in die Wanne und PLANSCHEN drauflos. Plitsch und platsch macht das Wasser. Die Mäuse können gar nicht genug vom PLANSCHEN bekommen. Das tut gut. Schnell sind die Mäuschen abgekühlt und pitschnass. Zwischendurch legen sie sich ins Gras und dann trocknet die SommerSONNE ihnen ihr Fell wieder ganz schnell. So PLANSCHEN sie bis zum Abend. Klara holt ihre Kinder ins Haus. Nachdem sie im Bett liegen, hat

Klara noch etwas Wichtiges zu tun. Da es schon seit Tagen nicht mehr geregnet hat, füllt sie aus dem Planschwasser kleine Schüsseln und stellt diese für die Vögel ins Gras. Mit dem restlichen Wasser gießt sie die Blumen.

Die Kinder können nun draußen Blumen gießen und Schüsseln mit Wasser für die Vögel aufstellen. Gemeinsam wird noch einmal den warmen Sonnenstrahlen nachgespürt.

Schluss

Klanggeschichte: Die Erzieherin wiederholt die Klarageschichte. Nun können die Kinder mit der Triangel den Sonnenschein und mit den Klangstäben das Hüpfen, Springen und Planschen der Mäuse in akustische Impulse umsetzen. Die Erzieherin spielt zur Unterstützung mit.

Aufbauimpuls

Hurra, hurra, hurra, der Sommer, der ist da

Mitmachlied *(Melodie: „A, a, a, der Winter, der ist da", Text: Ingrid Biermann)*

Material
Orffinstrumente (Rasseln, Holzblocktrommel, Klangstäbe), Strauß Sommerblumen, evtl. Decke

Anleitung
Die Kinder sitzen im Kreis und die Erzieherin zeigt den Sommerblumenstrauß. Die Kinder können ihre sinnlichen Erfahrungen machen, indem sie ihn ansehen, beschnuppern und vorsichtig befühlen. Die Erzieherin lädt sie zu einem Sommerlied ein, klatschend singt sie es ihnen vor. Gemeinsam mit den Kindern kann nun gesungen und geklatscht werden, die Strophen können je nach Interesse der Kinder mehrmals wiederholt werden.

1. Hur-ra, hur-ra, hur-ra, der Som-mer, der ist da. Er kam ganz lei-se ü-ber Nacht, die Blu-men, die sind auf-ge-wacht. Hur-ra, hur-ra, hur-ra, der Som-mer, der ist da.

2. Hurra, hurra, hurra, der Sommer, der ist da,
er kam ganz leise über Nacht,
die Tiere (Menschen), die sind aufgewacht.
Hurra, hurra, hurra, der Sommer, der ist da.

- Das Lied wird mehrmals wiederholt und die Kinder können dazu stampfen oder auf die Oberschenkel schlagen.

Variation

- Das Lied wird mit den Orffinstrumenten begleitet.
- An einem schönen Sommertag kann die Gruppe hinaus in den Garten gehen und die Natur erleben. Hier kann das Lied gesungen werden.

Aufbauimpulse

Die Sonne steht am Himmelszelt

Mitmachvers

viele gelbe Servietten, CD-Spieler, klassische Musik

Material

Die Kinder stehen im Kreis und spielen gemeinsam mit der Erzieherin den Vers, indem sie die Bewegungen entsprechend dem Text ausführen. Im Refrain, mit dem begonnen wird, recken alle die Hände der Sonne entgegen. In der ersten Strophe zeigen die Kleinsten auf sich. In der zweiten Strophe umarmen sie sich selbst und streichen über Kopf, Bauch und Arm.

Anleitung

Refrain: Die Sonne steht am Himmelszelt
und wärmt die schöne Sommerwelt.

Vers

1. Dabei wärmt sie jedes Tier,
sie kommt auch heute noch zu mir.

2. Sie macht mich warm, sie macht mich warm,
scheint auf den Kopf, den Bauch, den Arm *(2x).*

- Der Mitmachvers wird in der Wiederholung einmal leise und einmal laut gesprochen.
- Nun bekommen die Kinder gelbe Servietten. Es sind die Sonnenstrahlen. Nach klassischer Musik tanzen sie durch den Raum.

Variationen

Schaut, alle Käfer

Mitmachlied *(Melodie: „Hänsel und Gretel", Noten, S. 54, Text: Ingrid Biermann)*

Material

viele Kissen, ein Tisch, eine große, braune Decke

Vorbereitung

Die Erzieherin legt alle Kissen unter den Tisch. Die große, braune Decke wird darüber gelegt, schon ist die Käferhöhle fertig.

Anleitung

Alle Kinder setzen sich mit der Erzieherin unter den Tisch. Die Erzieherin erzählt, dass hier die Wohnung der Käfer ist, und lädt sie ein, den Vers mitzuspielen. Dabei krabbeln sie mit ihren Fingern auf dem Boden oder an ihrem Körper umher. Das Lied kann beliebig oft wiederholt werden.

Lied

1. Schaut alle Käfer, die kommen aus dem Haus,
schaut alle Käfer, die krabbeln nun hinaus,
sie krabbeln und sie krabbeln im Sommersonnenschein,
sie krabbeln zusammen und oft auch ganz allein.

2. Schaut alle Käfer, die krabbeln immerzu,
Schaut alle Käfer, die finden keine Ruh'.
Doch plötzlich sind sie müde und krabbeln jetzt nach Haus,
legen sich schlafen und ruh'n sich lange aus.

Variation

Die Kinder spielen Käfer und krabbeln umher, während die Erzieherin dazu das Spiellied singt. In der letzen Strophe krabbeln alle wieder unter den Tisch.

Die Raupe will spazieren geh'n

Kreativspiel

Fingerfarben, Rasierschaum, Tapetenrollen, Krepp-Klebeband, Schere, Abdeckfolie, verschiedene Wollfäden, Stöckchen, Pinsel, CD-Spieler, klassische Musik

Material

Jedem Kind wird ein Platz zum Malen mit einem großen Stück Tapetenrolle eingerichtet. Die Erzieherin lädt die Kleinsten ein, Raupenspuren anzufertigen. Die Kinder bekommen auf ihr Blatt Farb- oder Rasierschaumkleckse und nun können sie mit den Fingern Spuren auf das Blatt ziehen. Der Text des Verses gibt die Bewegungen vor, er kann beliebig oft wiederholt werden. Dabei spricht die Erzieherin ganz leise, laut, langsam oder schnell. Sie spielt mit.

Anleitung

Die Raupe will spazieren geh'n
und sich die Sommerwelt anseh'n.
Sie kriecht nun durch das frische Gras,
das macht ihr heute sehr viel Spaß,
kriecht in der Sonne hin und her,
die Raupe mag den Sommer sehr.
Die Raupe ruht ein wenig aus,
danach kriecht sie zurück nach Haus.

Vers

- Die Kinder fertigen Raupenspuren mit Stöckchen oder Pinsel an.
- Klassische Musik kann das Spurenspiel begleiten.

Variationen

Klara will spazieren geh'n

Fingerspiel

Material

Klara, Piepmäuse, grünes Tuch, Orffinstrumente (Rasseln, Schellenbänder), Tapetenrolle, mehrere Fingerfarben, Krepp-Klebeband, CD-Spieler, klassische Musik, für jedes Kind einen Malkittel und eine Sitzmatte

Anleitung

Die Kinder sitzen im Kreis auf ihren Matten und die Erzieherin setzt Klara mit ihren Kleinen auf ein grünes Tuch, das das Gras symbolisiert. Zunächst erzählt sie den Vers: Die erste Strophe leitet in die Geschichte ein, erst noch ohne Bewegung. Durch unterschiedliche Lautstärken, Sprechpausen und eine abwechselungsreiche Sprechmelodie gestaltet die Erzieherin den Ablauf interessant. In einem zweiten Durchgang wird die Geschichte zum Fingerspiel. Die Bewegungen werden dem Text entsprechend durchgeführt.

Vers

1. Klara will spazieren geh'n *(Zeigefinger zeigen)*
und sich die Sommerwelt anseh'n *(mit dem Zeigefinger über den Körper wandern)*.
Sie nimmt ihre Kinder mit
und los geht es im Mäuseschritt *(alle Finger bewegen)*.

2. Die Mäuse laufen froh umher,
sie mögen Sommerwärme sehr *(die Finger zappeln)*.
Sie springen durch das warme Gras,
das macht ihnen ganz viel Spaß *(die Finger springen)*.
Sie sitzen still und lauschen *(die Hände liegen auf den Oberschenkeln)*,
sie hören den Wind leis' rauschen *(Hand an das Ohr halten)*.
Sie hören die Vögel, die fliegen fort *(Hände flattern)*
an einen anderen, schönen Ort.
Die Mäuse sind müde, sie laufen nach Haus
(mit den Fingern zappeln, diese dann hinter dem Rücken verstecken)
und ruhen sich bis zum Morgen aus.

Die Kinder spielen die Mäuse. Der Text wird durch Körperbewegungen dargestellt.

Variation

- Die Kinder spielen mit Orffinstrumenten Mäuse, Wind und Vögel.
- Mäusetanz: Eine Tapetenrolle wird ausgebreitet und mit Krepp-Klebeband auf dem Boden befestigt. Bunte Farbkleckse werden auf das Papier getupft. Bei klassischer Musik springen und laufen die Kinder mit ihren Fingern über das Blatt und hinterlassen so bunte Spuren.

Aufbauimpulse

Mit Klara den stürmischen Herbst erleben

Der Wind in den Blättern ist für die Kleinsten ein Herbstgeräusch, das ihnen überall begegnet. Das Erleben dieser Jahreszeit mit allen Sinnen unterstützt Klara mit ihren Mäusekindern. Musikalisch helfen Orffinstrumente, Verse und Mitmachlieder.

Einstiegsgeschichte: Klara und die Blättermäuse

Material

viele Herbstblätter, Wühlkiste, Klara, Piepmäuse, grüne Decke, Kissen, CD-Spieler, klassische Musik, Kinderbettbezug, für jedes Kind eine Handtrommel und ein Schellenband

Vorbereitung

Die Wühlkiste wird mit den gesammelten Herbstblättern gefüllt. Aus der Decke und den Kissen wird eine gemütliche Sitzlandschaft gebaut.

Einstieg

Die Erzieherin setzt sich mit den Kindern und den Mäusen in die Erzähllandschaft. Gemeinsam singen sie das Begrüßungslied „Wir kommen heut' zusammen", danach erzählt die Erzieherin den Kindern die folgende Geschichte.

Geschichte

Klaras Kinder mögen den Wind, ja, sogar den Sturm *(Handtrommel)*. Wenn der Herbst ins Land zieht und der Wind heult und pustet *(Handtrommel)*, dann sind die kleinen Mäuse den ganzen Tag auf der Wiese. Dort spielen sie mit den bunten Blättern, die der Wind von den Bäumen pustet *(Schellenband)*. Sie spielen Blätter fangen, machen einen Blätterregen und verstecken sich unter den Blätterbergen *(Schellenband)*. Sie bewegen sich mit dem Wind in einem Blättertanz *(Schellenband, Handtrommel)*. Klara und ihre Kinder sammeln jeden Tag ganz viele Blätter und stecken sie in Kissen. Jede Maus schläft wunderbar auf so einem Blätterknisterkissen. Morgens sind die Mäuse alle gut ausgeschlafen und können wieder im Freien spielen.

Die Kinder klauben die Blätter aus der Kiste und machen mit ihnen einen Blättertanz. Nach klassischer Musik hüpfen und springen sie, sie lassen die Blätter tanzen.

Schluss

Die Kinder und die Erzieherin gehen zum Abschluss des Angebots in den Garten, tanzen und springen durch das Laub.

Variation

Aufbauimpulse

- Klanggeschichte: Die Erzieherin wiederholt die Geschichte und die Kinder spielen die Instrumente dazu. Wird der Sturm oder Wind erwähnt, reiben sie auf der Handtrommel, während die Blätter mit dem Schellenband hörbar gemacht werden. Die Erzieherin spielt mit.
- Die Kinder können über mehrere Wochen Blätter sammeln und ein Bettbezug füllen. So wird daraus ein großes Traumkissen für die Gruppe hergestellt.

Wenn der wilde Herbstwind weht

Fingerspiel

Material

viele Herbstblätter, grüne Decke oder Schwimmbecken

Anleitung

Die Erzieherin sammelt gemeinsam mit den Kindern über mehrere Tage hinweg Herbstblätter, die an einem warmen Ort zum Trocknen gebracht werden.

Zusammen mit den Kleinsten türmt die Erzieherin die Herbstblätter zu einem Haufen auf der grünen Decke oder in einem Planschbecken auf. Die Kinder knien mit der Erzieherin im Kreis um den Blätterhaufen. Sie werden zu einer ganz besonderen Fingerspielgeschichte eingeladen. Entsprechend dem Text wühlen alle in den Blättern. Sie machen dabei ganz besondere akustische und taktile Erfahrungen.

Vers

1. Wenn der wilde Herbstwind weht,
kein Finger lange stille steht
(mit den Fingern zappeln).
Alle Finger, schaut mal her,
mögen den Blätterberg so sehr.

2. Alle Finger, groß und klein,
springen in die Blätter rein
(mit den Fingern in den Blätterberg springen).
Sie tanzen fröhlich hin und her,
das mag der wilde Herbstwind sehr
(mit dem Finger durch den Blätterberg tanzen).

3. Wenn der wilde Herbstwind pustet,
oder auch mal tüchtig prustet
(die Kinder pusten in die Blätter),
fliegen Blätter auf und ab
(mit den Fingern die Blätter in die Luft werfen),
doch jetzt sind sie müd' und schlapp
(die Finger in oder auf den Blätterberg legen).

4. Alle Finger, groß und klein,
wühlen sich ganz tief hinein.
Sie liegen still und ruh'n sich aus
(Hände liegen still im Blätterberg und es wird eine Sprechpause gemacht),
dann zappeln sie ganz schnell nach Haus
(Hände aus dem Blätterberg ziehen und hinter den Rücken legen).

- Die Blätter werden wieder zu einem hohen Berg zusammengeschoben und das besondere Fingerspiel wird leise wiederholt.
- Bei gutem Wetter kann das Angebot auch im Freien gespielt werden.

Variationen

- Bewegungsspiel: Aus dem Wort „Finger" wird „Kinder". Wenn die Kinder nackte Füße haben, können sie mit den Blättern neue Erfahrungen sammeln.

Aufbauimpuls

Am Himmel zieht die Wolke

Mitmachlied *(Melodie: „Alle meine Entchen", Noten, S. 115, Text: Ingrid Biermann)*

blaue und weiße Chiffontücher, ein großes weißes Tuch

Material

Die Kinder sitzen auf dem weißen Tuch, das eine Wolke symbolisieren soll. Jedes erhält ein oder zwei Chiffontücher und spielt so die Regentropfen in der Wolke. Die Erzieherin lädt die Kleinsten zu einem Tropfentanz ein. Sie singt und spielt mit ihnen das Tropfenlied entsprechend dem Text. Es wird so oft wiederholt, wie die Kinder es mögen.

Anleitung

1. Am Himmel zieht die Wolke langsam hin und her, langsam hin und her
(die Kinder stehen dicht zusammen und bewegen sich ein wenig),
die Wolke, sie wird größer und auch ganz, ganz schwer
(die Kinder gehen auseinander).

Lied

2. Viele Regentropfen tanzen hin und her, tanzen hin und her
(die Kinder tanzen durch den Raum),
sie tanzen und sie tanzen, das mögen sie so sehr.

3. Viele Regentropfen legen sich zur Ruh', legen sich zur Ruh'
(die Kinder gehen auf das weiße Tuch),
sie liegen still und machen ihre Augen zu.

Die Blätterstampfer

Mitmachgeschichte

Material

viele Herbstblätter in Körben, mehrere alte Schüsseln, Tapetenkleister, zwei Planschbecken, für jedes Kind ein Handtuch und eine Sitzmatte

Vorbereitung

Die Erzieherin geht täglich mit den Kindern auf die Wiese und sammelt die bunten Blätter ein. Diese werden in einem warmen Raum getrocknet. Am Ende der Trockenzeit kann dann der folgende Spielimpuls gegeben werden.

Anleitung

Die Kinder sitzen mit der Erzieherin im Kreis auf ihren Sitzmatten. Die Blätter stehen in Körben bereit. Die Kleinsten werden zu einer besonderen Geschichte eingeladen, die von den Blätterstampfern und ihren Aufgaben handelt.

Geschichte

Auf einer großen Wiese leben die Blätterstampfer. Es sind kleine Wiesenzwerge, die aus den bunten Herbstblättern Blätterbrei machen. Sobald der Herbst mit seinem Pustewind kommt und die Zwerge den Wind hören und sehen, ziehen sie sich warm an, holen ihre Karren und Besen und fegen alle Blätter zusammen. Sie füllen jeden Eimer und jede Kiste. Wenn die Bäume kahl sind und sie alle Blätter eingesammelt haben, dann müssen diese viele Tage in einem warmen Zimmer trocken. Erst wenn die bunten Blätter ganz knistrig sind, fangen die Zwerge mit ihrer Stampfarbeit an. Sie machen große Blätterberge und dann stampfen sie munter drauflos. Einige Zwerge ziehen sich ihre Strümpfe aus, denn barfuß macht das Stampfen noch viel mehr Freude. Bei der schweren Arbeit singen sie ihr Stampflied. Erst wenn alle Blätter klitzeklein sind, dann mischen sie diese mit einem klebrigen Brei. So, nun ist die Arbeit fertig und die Zwerge haben ihren Blätterbrei. Aus ihnen machen sie wunderbare Kugeln für den Herbstbaum, den sie draußen schmücken. Erst wenn der Mond am Himmel steht, gehen sie schlafen.

Schluss

Nachdem die Kinder die Geschichte gehört haben, spielen sie die Blätterstampfer nach. Sie zerstampfen trockene Blätter.

- In Schüsseln mit Tapetenkleister werden zerkleinerte Blätter vermengt, genau wie in der Geschichte. Daraus formen sie Kugeln, mit denen sie den Gruppenraum oder einen Herbstbaum im Garten schmücken können.

- Die von den Kindern gesammelten Blätter werden in ein Planschbecken geschüttet und dort mit den Füßen zerbröselt. Der Tapetenkleister kommt hinzu und nun können sie mit den Füßen oder den Händen stampfen. In das zweite Becken wird warmes Wasser gefüllt, indem die Kinder sich ihre Hände und Füße waschen können. Zum Schluss trocknen sich die Kinder mit den Handtüchern ab.

- Die Kinder singen und spielen das Lied „Wir sind die Wiesenzwerge" singen.

Die Kindergruppe sollte hierfür sehr klein sein, damit die Kleinsten die vielen Sinneseindrücke gut verarbeiten können und die Erzieherin den Überblick behalten kann.

Wir sind die Wiesenzwerge

Mitmachlied *(Melodie: „Alle meine Entchen", Text: Ingrid Biermann)*

Die Kinder singen das Lied und stampfen mit Händen oder Füßen auf verschiedenen Untergründen, um so verschiedene akustische Erfahrungen zu machen. Das Lied kann mehrmals unterschiedlich laut gesungen werden, anstelle von „laut" wird dann „leise" eingesetzt.

Wir sind die Wie-sen-zwer-ge, stamp-fen laut um-her, stamp-fen laut um-her. Stamp-fen, ja das Stamp-fen, das ist gar nicht schwer.

Viele Äpfel auf den Bäumen

Mitmachvers

Material

Obstkorb (Äpfel, Birnen), Obstmesser, einige Teller, Orffinstrumente (Schellenband, Klangstäbe, Holzblock- und Handtrommeln), für jedes Kind zwei kleine Luftballons (grün und gelb), Trichter, Sand, zwei Körbe

Vorbereitung

Pro Kind werden zwei kleine Luftballons mit Sand gefüllt. Sie stellen die Früchte dar, die grünen Ballons die Äpfel, die gelben die Birnen. So gefüllt werden sie farblich sortiert in die zwei Körbe gelegt.

Anleitung

Die Erzieherin zeigt den Kindern den Obstkorb mit echten Äpfeln und Birnen. Die Kinder können die Früchte mit ihren Sinnen erfahren und auch probieren. Währenddessen spricht die Erzieherin den Vers. Sie wiederholt die erste Strophe, um beide Obstsorten aufzuzählen. Danach lädt sie die Kinder ein, Bäume zu spielen. Sie nehmen sich aus einem Korb zwei Luftballons, die die Früchte darstellen. Die Erzieherin spielt den Wind und zugleich einen Baum, um den Kindern Hilfestellung bei den Bewegungsabläufen zu geben. In der zweiten Strophe bläst der Wind fest, die Kinder lassen das Obst fallen, in der dritten Strophe sammeln sie es wieder ein.

Vers

1. Viele Äpfel (Birnen) auf den Bäumen,
hängen still und wollen träumen.
Der Herbstwind schaukelt sie ganz sacht,
schau, wie langsam er das macht.

2. Äpfel und Birnen in den Bäumen,
sind ganz still, sie wollen träumen.
Der Herbstwind, der bläst nun ganz fest,
kein Obst er auf den Bäumen lässt.

3. Die Kinder kommen schnell herbei
und sammeln ja so allerlei.
Sie essen Obst und freu'n sich sehr,
ihre Körbe sind jetzt leer.

Aufbauimpuls

Der Mitmachvers kann durch Orffinstrumente zu einer Klanggeschichte werden. Die Erzieherin unterstützt diese Aktion.

Der Herbstwind weht

Bewegungsspiel

Material

Tisch, großes Tuch, Taschenlampe, Haartrockner, ein Korb mit Herbstlaub, Klangstäbe

Anleitung

Die Erzieherin baut zusammen mit den Kindern ein Haus, indem sie das Tuch über den Tisch legt. Der Blätterkorb steht davor. Alle krabbeln ins Haus und machen es sich gemütlich. Eine Taschenlampe spendet ein wenig Licht. Die Erzieherin erzählt, dass es im Herbst oft sehr windiges Wetter gibt. Sie berichtet, wie der Herbstwind durch den Blätterwald fegt und auch die Menschen anpustet, die dort spazieren gehen. (Sie zeigt, wie kalt der Wind ist, indem sie den Haartrockner einschaltet.)

Danach verlassen alle das Haus. Gemeinsam bewegen sie sich zur Geschichte. Der Refrain wird als Einleitung gesprochen und nach jeder Strophe wiederholt. In der ersten Strophe kann das Tempo variiert werden, dementsprechend muss der Text angepasst werden.

Vers

Refrain: Der Herbstwind weht, es ist ganz kalt,
ich gehe durch den Blätterwald.
Kalt sind Nase, Fuß und Finger,
diese kleinen Zappeldinger.

1. Ich gehe langsam (schnell nun) durch den Wald,
denn heute ist mir ganz, ganz kalt.

2. Ich gehe laut nun durch den Wald,
denn heute ist es ganz, ganz kalt.

3. Ich gehe leise nun nach Haus
und gehe heut' nicht mehr hinaus.

Aufbauimpulse

- Das Bewegungsspiel wird zu einem Klangspiel, indem die Klangstäbe eingebaut werden.
- An einem windigen Herbsttag kann das Bewegungsspiel auch im Freien erlebt werden.

Ein windiger Tag

Klarageschichte

Klara, Piepmäuse, Decken, Kissen, Herbstlaub, Haartrockner, Schreibtischlampe, Tapetenrolle, Kleister, Krepp-Klebeband

Die Erzieherin und die Kinder sammeln über mehrere Tage hinweg viele bunte Herbstblätter.
Aus den Decken, Kissen und dem Laub wird eine gemütliche Sitzlandschaft aufgebaut.
Die Kinder werden zu der Herbst-Abschlussgeschichte eingeladen. Die Erzieherin setzt den Haartrockner ein, um die Geschichte über einen starken Herbststurm einzuleiten. Die Kleinsten können die Windgeräusche imitieren.

An einem besonders wilden Herbsttag, an dem der Wind heulend und wütend über die Wiese fegt, liegen so viele Blätter auf der Wiese, dass die Mäuse sich unter dem dicken Blätterteppich verstecken können. Wenn sie dann über die Wiese laufen, wirbeln viele kleine Blätterberge umher. Klara schaut ihren Kindern beim lustigen Spielen zu. Wenn der Wind heult, stehen den kleinen Mäusen die Haare zu Berge. Der wilde Wind bringt die Blätter zum Tanzen und Rascheln, und wenn ihre Mäuse fröhlich piepsen, hört sich alles an, wie eine wunderbare Blättermusik. Erst am Abend kommen die Kleinen in das Haus. Nach dem Abendbrot schlafen sie, wie immer, zufrieden ein.

Aus den Blättern wird ein Blätterteppich gebastelt. Dazu wird auf den Boden ein großes Stück Tapete mit Krepp-Klebeband befestigt. Das wird nach und nach mit Kleister bestrichen, sodass die Kinder das Papier mit vielen Blättern bekleben können. Über diesen Teppich können die Kinder barfuß laufen. Wenn zu wenig Platz vorhanden ist, kann die Tapete auch an der Wand befestigt werden. Es wird dann ein Fühlpfad für die Hände.

Mit Klara den eiskalten Winter erleben

Der Winter prägt die jahreszeitliche Erfahrung im Freien vor allem mit Kälte und Schnee. Die weißen Flocken verändern für die Kleinsten das Gesicht der Natur. Vielfältige Angebote wie Klanggeschichten, Spiele und natürlich Klara helfen bei der musikalischen Verarbeitung.

Klara und ihre weißen Mäuse

Klarageschichte

Papiertaschentücher oder weißes Papier, viele weiße Wattebällchen, Wühlkiste, Klara, Piepmäuse, weiße Decke, weiße Kissen, weiße Handtücher, für jedes Kind eine Holzblocktrommel, Klangstäbe, eine Rassel und einen Schellenbaum

Material

Die Wühlkiste wird für diese Geschichte mit den Wattebällchen gefüllt, die die Schneeflocken symbolisieren. Aus den weißen Decken, Handtüchern und Kissen wird eine Winterlandschaft gestaltet. Die Mäuse liegen griffbereit.

Vorbereitung

Die Erzieherin setzt sich zusammen mit den Kindern in die weiße Landschaft. Gemeinsam singen sie das Begrüßungslied „Wir kommen heut' zusammen". Danach erzählt die Erzieherin die Klarageschichte. Die Geschichte und der Ablauf kann beliebig gekürzt werden.

Einstieg

Es ist Winter und über Nacht ist die ganze Welt weiß geworden. Klaras Kinder freuen sich. Endlich Schnee und, so schnell es geht, trippeln sie durch den kalten Schnee *(Klangstäbe)*. Klaras Kinder haben ganz viel Spaß. Überall

Geschichte

entdecken sie ihre Freunde. Die Hasenfamilie hüpft durch den Schnee *(Holzblocktrommel)* und die Vögel laufen umher *(Schellenbaum)*. Sie suchen nach Futter, denn sie haben heute schrecklichen Hunger. Überall, wo die Tiere laufen, sieht man ihre Spuren im Schnee. Die kleinen Mäuse wollen gar nicht ins Haus. Plötzlich beginnt es zu schneien *(Rasseln)*. Schnell laufen die Hasen zurück in ihren Bau *(Holzblocktrommel)* und die Vögel fliegen in ihre Vogelhäuser *(Schellenbaum)*.

Nur die Mäuse wollen nicht ins Haus. Sie laufen fröhlich durch den Schnee *(Klangstäbe)*. Im Nu haben alle ein ganz weißes Fell. Klara kann ihre Mäuse gar nicht mehr sehen, denn sie sind weiß wie der Schnee. Doch als sie sie ganz laut ruft, kommen ihre weißen Mäusekinder angelaufen *(Klangstäbe)*. Vor der Tür schütteln sie sich einmal ganz kräftig und schon haben sie ihr weißes Kleid verloren. Frierend gehen sie in ihr Haus und ruhen sich dort lange aus.

Variation

Klanggeschichte: Die Erzieherin wiederholt die Geschichte und die Kinder musizieren dazu. Das Trippeln der Mäusekinder durch den Schnee wird mit den Klangstäben, das Hüpfen der Hasenfamilie mit den Holzblocktrommeln und die Vögel werden mit dem Schellenbaum hörbar gemacht. Die Rasseln werden für das Schneien eingesetzt. Diese Aktion wird von der Erzieherin unterstützt.

Schluss

Die Erzieherin öffnet die Kiste und die Kleinsten wühlen zwischen den Wattebällchen. Sie können mit den Watte-Flocken spielen und sie im Raum verteilen.

Aufbauimpulse

Die Erzieherin lädt die Kinder ein, die Geschichte zu spielen. Sie werden an der entsprechenden Stelle im Text mit den weißen Tüchern zugedeckt und krabbeln umher wie die weißen Mäuschen. Zum Schluss schütteln sie sich und verlieren ihre Tücher.

Weiße Flocken, welch Gewimmel

Mitmachvers

Material

großes weißes Betttuch, Schellenbänder, Schellenbäume, Schellenkränze, viele weiße Luftballons, CD-Spieler, klassische Musik, ein Planschbecken

Vorbereitung

Die Luftballons werden leicht aufgeblasen und stellen Schneeflocken dar, die in einem Planschbecken gesammelt werden. Im freien Spiel machen sich die Kinder mit ihnen vertraut.

Anleitung

Die Kinder sitzen auf dem weißen Betttuch, das eine Schneewolke darstellt. Sie lauschen dem Vers. Die Erzieherin spricht abwechselnd den Refrain und die Strophen, sie beginnt mit dem Refrain. Die Kinder spielen dann die Schneeflocken und bewegen sich mit ihr entsprechend dem Text durch den Raum. In der letzen Strophe kehren sie zurück auf die Wolke und ruhen sich aus. Danach bekommen sie die unterschiedlichen Schellenkränze und können den Schneeflocken einen Klang geben.

Vers

Refrain: Weiße Flocken, welch Gewimmel,
fallen leis' vom Winterhimmel.

1. Drehen sich ganz schnell (langsam) rundherum,
fallen plötzlich leise um.

2. Liegen still und träumen fein
schlafen dann zusammen ein.

Variation

Die weißen Schneebälle laden zu einem Schneeflockentanz ein. Die Luftballons können mit einem Glöckchen gefüllt werden, sodass die Schneeflocken auch akustisch erfahrbar werden.

Knister, knaster, klick und klirr

Darstellungsspiel

Material

knisterndes Haushaltspapier (Backfolie, Butterbrotpapier, usw.), Plastiktüte, Rasierschaum

Anleitung

Die unterschiedlichen, knisternden Haushaltspapiere werden vorab in die Tüte gepackt. Die Kinder packen sie zu Beginn aus und experimentieren mit den Geräuschen. Währenddessen erzählt die Erzieherin den Vers. Danach lädt sie die Kinder ein, die Geschichte mitzuspielen. Sie knistern jeweils bei der ersten Zeile mit dem Papier. Die erste Strophe leitet das Spiel ein, die zweite Strophe wird mehrmals wiederholt immer mit neuen Körperteilen. Die dritte Strophe beendet das Angebot.

Vers

1. Knister, knaster, klick und klirr,
heute, ja, da stampfen wir *(durch den Raum stampfen)*.
Durch Eis und Schnee, es ist sehr kalt *(pantomimisch das Frieren darstellen)*,
wir gehen durch den Winterwald.

2. Knister, knaster, klick und klirr,
hu, wie tüchtig ich heut' frier *(pantomimisch das Frieren darstellen)*.
Eis und Schnee im Winterwald,
machen meine Füße (Hände, Körper) kalt.

3. Knister, knaster, klick und klirr,
hu, wie tüchtig ich heut' frier *(pantomimisch das Frieren darstellen)*.
Langsam stampfe ich nach Haus *(langsam durch den Raum stampfen)*,
ruh' mich von der Kälte aus *(die Kinder gehen auf ihren Platz zurück)*.

Variation

Bei den Wiederholungen wird der Vers leise, laut, langsam und schnell gesprochen, sodass das Spiel immer wieder einen neuen Sprachrhythmus bekommt.

Aufbauimpuls

Auf Folie wird Rasierschaum gesprüht. Barfuß stampfen die Kinder über diese Fläche und hinterlassen Spuren. Zusätzlich können die Kinder mit dem Haushaltspapier knistern, während die Erzieherin den Vers spricht.

Langsam fallen weiße Flocken

Mitmachvers

Wühlkiste, weiße Luftballons, für jedes Kind Rassel, Schellenbänder, Glockenstäbe und zwei Teelöffel, CD-Spieler, klassische Musik

Die Erzieherin spricht den Vers. Jedes Kind bekommt eine Rassel, mit der es den Text begleitet. Der Vers wird leise, laut, langsam oder schnell gesprochen. Bei den Wiederholungen spielen die Kinder jeweils ein anderes Instrument, etwa Schellenbänder, Teelöffel, die sie aufeinander schlagen, oder Glockenstäbe. Erst wenn alle Spielmöglichkeiten von den Kindern ausprobiert sind, wird die zweite Strophe gesprochen.

1. Langsam (schneller) fallen weiße Flocken,
nass sind Schuhe, Füße, Socken,
leise rieselt weißer Schnee,
alle rufen leis' (laut) „Juchhe".

2. Langsam fallen weiße Flocken,
nass sind Schuhe, Füße, Socken,
für heute ist das Spielchen aus
und alle laufen schnell nach Haus.

Die Kinder spielen mit den Luftballons. Klassische Musik macht daraus einen Schneeflockentanz. Stoppt die Musik, bleiben die Kinder wie eingefroren stehen, hören sie wieder etwas, dann tanzen sie weiter.

Schneeflöckchen, Weißröckchen

Mitmachlied *(Text und Melodie überliefert)*

1. Schnee-flöck-chen, Weiß-röck-chen, wann kommst du ge-schneit, du wohnst in den Wol-ken, dein Weg ist so weit.

2. Komm, setz dich ans Fenster,
du lieblicher Stern,
malst Blumen und Blätter,
wir haben dich gern.

3. Schneeflöckchen, du deckst uns
die Blümelein zu,
dann schlafen sie sicher
in himmlischer Ruh'.

4. Schneeflöckchen, Weißröckchen,
komm zu uns ins Tal,
dann bau'n wir den Schneemann
und werfen den Ball.

Material

viele weiße Luftballons, großer weißer Bettbezug, Glöckchen

Anleitung

Die Ballons werden aufgeblasen und einige mit Glöckchen gefüllt. Diese werden in einen Bettbezug gesteckt. Die Schneewolke ist fertig. Die große Wolke kann zunächst gemeinsam bewegt, das heißt, getragen, leicht geschüttelt oder leicht geworfen werden. Die Klingeltöne sind zu hören. Die Erzieherin singt dabei immer wieder die erste Strophe des überlieferten Liedes. Danach kann eine beliebige Strophenanzahl gewählt werden. Das Betttuch wird geöffnet und mit den Schneeflocken-Luftballons wird gespielt. Die Erzieherin singt die Strophen, die ihr wichtig sind.

Hinweis

Die dicke Schneewolke kann im Freispiel eine sehr schöne Liegewolke sein.

Schneemann, Schneemann, komm heraus

Mitmachvers

Material

großes Blatt Papier, dicke Filzstifte, für jedes Kind ein weißes größeres Tuch und eine Wäscheklammer, Handtrommel, Tortenplatten, Wattebällchen, Tapetenkleister, Papierhefter

Anleitung

Die Erzieherin malt mit dicken Filzstiften einen großen Schneemann auf das Blatt Papier und lässt die Kinder das Motiv erraten. Sie lädt sie ein, auch einen Schneemann zu spielen. Dazu hängt sie ihnen ein Tuch um und befestigt es mit einer Wäscheklammer. Die Kinder suchen sich einen Platz im Raum. Die Erzieherin spricht und spielt den Vers. Auch die Kinder bewegen sich, wie es der Vers vorgibt. Der Vers kann beliebig oft wiederholt werden.

Vers

1. Schneemann, Schneemann, komm heraus,
komm heraus aus deinem Haus,
beweg den Kopf und auch den Bauch
und der Popo der wackelt auch.
Tanz mit mir jetzt rundherum,
aber fall dabei nicht um.

2. Schneemann, Schneemann, komm heraus,
komm heraus aus deinem Haus,
heb die Arme, streck die Beine,
du bist im Kreis heut' nicht alleine.
Tanz mit mir jetzt rundherum,
aber fall dabei nicht um.

Variation

Tanzspiel: Bei der Wiederholung unterstützt die Erzieherin mit einer Handtrommel den Versrhythmus. Sind die Kinder damit vertraut, kann sie erneut variieren: In der ersten Strophe schlägt sie die Trommel langsam, alle in Schneemänner verwandelten Kinder tanzen. Stoppt die Erzieherin das Trommeln, stehen die Kinder still, setzt sie es fort, dann tanzen alle weiter. In der zweiten Strophe wird die Trommel schnell geschlagen und die Kinder tanzen schnell.

Aufbauimpulse

- Die Kinder können kreativ sein und Schneemänner basteln. Die Erzieherin heftet zwei Tortenplatten aus Pappe zusammen. Die Kinder bestreichen sie mit Kleister und kleben Wattebällchen darauf.
- Liegt genügend Schnee, können die Kinder im Freien einen Schneemann bauen.

Klara und die Winterfreunde

Klarageschichte

weiße Decken, Kissen, Tücher, Lampe, Klara, Piepmäuse, CD-Spieler, Marschmusik, die von den Kindern
gebastelten Schneemänner, pro Schneemann einen Schuhkarton, Messer

Material

In jeden Schuhkarton wird ein Schlitz geschnitten, in den die Schneemänner,
die von den Kindern gebastelt wurden, gesteckt werden, sodass sie aufrecht
stehen bleiben.

Vorbereitung

Aus den Decken und Kissen wird eine gemütliche Sitzecke gestaltet. Die
Schneemänner stehen auch in dieser Ecke. Die Erzieherin lädt die Kinder zu
einer Klarageschichte ein.

Anleitung

Seit vielen Tagen hat es geschneit und auf der Wiese liegt viel Schnee. Die Blumen, die Gräser, der Wiesenzaun tragen einen weißen Mantel und vor Klaras
Mauseloch liegt ein riesiger Schneeberg. Klaras Kinder bauen nun jeden Tag
einen neuen Schneemann und schon bald stehen auf der Wiese viele große
und kleine Schneemänner. Klara holt alte Eimer, Töpfe und Holzlöffel und
die Mäuse wühlen unter dem Schnee nach großen und kleinen Steinen. Die
Schneemänner bekommen Topfhüte, Steinaugen, Löffelohren und Hände.
Alle Schneemänner sehen lustig aus. Klaras Mäuse freuen sich. Sie haben
Winterfreunde. Jeden Tag gehen sie nun nach draußen, hüpfen, springen und
marschieren um ihre neuen Freunde herum. Klaras Kinder freuen sich über
ihre neuen Freunde und nachts träumen sie von den vielen Schneemännern
auf ihrer Wiese.

Geschichte

Die Kinder marschieren nach Marschmusik um die Schneemänner. Stoppt
die Musik, dann bleiben sie stehen, spielt sie, dann marschieren sie weiter.
Zum Abschluss ruhen sich die Kinder in der Sitzecke aus.

Schluss

Literaturtipps

Ingrid Biermann
*Mit Klara und den Mäusen die
Welt entdecken*
Verlag Herder
Freiburg 2010

Ingrid Biermann
*Alle Sinne aufgewacht!
Wahrnehmungsspiele für Kinder
unter 3 Jahren.*
Verlag Herder
Freiburg 2010

Ingrid Biermann
*Kleinkinder entdecken ihre
Umgebung
Ideen für Krippe, Kita und Tages-
mütter*
Verlag Herder
3. Auflage
Freiburg 2010

Ingrid Biermann / Reinhard Horn
Krabbellieder
KONTAKTE Musikverlag
3. Auflage
Lippstadt 2006

Ingrid Biermann
*Musikalische Förderung für Klein-
kinder*
Verlag Herder
4. Auflage
Freiburg 2010

Sandra Lewburg / Detlev Jöcker
Krabbelzwerge
Menschenkinder Verlag
Münster (Westfalen) 2010

Mechthild Wessel /
Brigitte Vom Wege
*Zehn flinke Zappelzwerge
Fingerspiele für Kinder von
0–6 Jahren*
Verlag Herder
Freiburg 2011